❝ 매일 성장하는 초등 자기개발서 ❞

W 완자

공부력

Q 왜 공부력을 키워야 할까요?

쓰기력

정확한 의사소통의 기본기이며 논리의 바탕

연필을 잡고 종이에 쓰는 것을 괴로워한다!
맞춤법을 몰라 정확한 쓰기를 못한다!
말은 잘하지만 조리 있게 쓰는 것이 어렵다!
그래서 글쓰기의 기본 규칙을 정확히 알고
써야 공부 능력이 향상됩니다.

어휘력

교과 내용 이해와 독해력의 기본 바탕

어휘를 몰라서 수학 문제를 못 푼다!
어휘를 몰라서 사회, 과학 내용 이해가 안 된다!
어휘를 몰라서 수업 내용을 따라가기 어렵다!
그래서 교과 내용 이해의 기본 바탕을
다지기 위해 어휘 학습을 해야 합니다.

독해력

모든 교과 실력 향상의 기본 바탕

글을 읽었지만 무슨 내용인지 모른다!
글을 읽고 이해하는 데 시간이 오래 걸린다!
읽어서 이해하는 공부 방식을 거부하려고 한다!
그래서 통합적 사고력의 바탕인 독해 공부로
교과 실력 향상의 기본기를 닦아야 합니다.

계산력

초등 수학의 핵심이자 기본 바탕

계산 과정의 실수가 잦다!
계산을 하긴 하는데 시간이 오래 걸린다!
계산은 하는데 계산 개념을 정확히 모른다!
그래서 계산 개념을 익히고 속도와 정확성을
높이기 위한 훈련을 통해 계산력을 키워야 합니다.

세상이 변해도
배움의 즐거움은
변함없도록

시대는 빠르게 변해도
배움의 즐거움은
변함없어야 하기에

어제의 비상은
남다른 교재부터
결이 다른 콘텐츠
전에 없던 교육 플랫폼까지

변함없는 혁신으로
교육 문화 환경의 새로운 전형을
실현해왔습니다.

비상은 오늘, 다시 한번
새로운 교육 문화 환경을 실현하기 위한
또 하나의 혁신을 시작합니다.

오늘의 내가 어제의 나를 초월하고
오늘의 교육이 어제의 교육을 초월하여
배움의 즐거움을 지속하는 혁신,

바로, 메타인지 기반 완전 학습을.

상상을 실현하는 교육 문화 기업 비상

메타인지 기반 완전 학습
초월을 뜻하는 meta와 생각을 뜻하는 인지가 결합한 메타인지는
자신이 알고 모르는 것을 스스로 구분하고 학습계획을 세우도록 하는
궁극의 학습 능력입니다. 비상의 메타인지 기반 완전 학습 시스템은
잠들어 있는 메타인지를 깨워 공부를 100% 내 것으로 만들도록 합니다.

완자

공부력

초등 한국사 독해
인물편 4

초등 한국사 독해 인물편 한눈에 보기

특징과 활용법

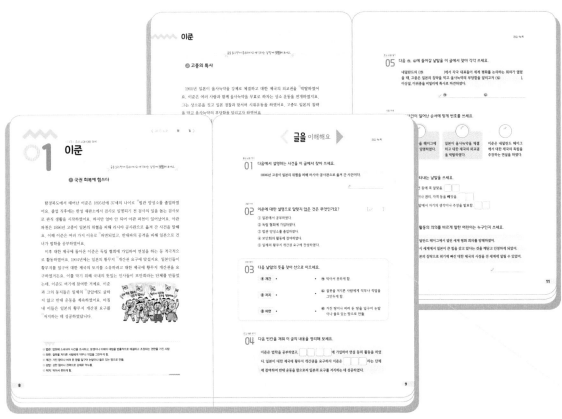

* 글을 읽고 문제를 풀면서
  독해 능력을 키워요.
* 글의 흐름을 파악하면서 한국사
  주요 사건에 대한 지식을 습득해요.

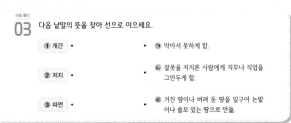

* 글에 나온 한국사 어휘를 다양한
  문제를 통해 재미있게 익혀요.

✅ 책으로 하루 4쪽 공부하며, 초등 독해력을 키워요!

✅ 모바일앱으로 공부한 내용을 복습하고 몬스터를 잡아요!

| 공부한 내용 확인하기 | 모바일앱으로 복습하기 |

앱 다운받기　　　책 인증하기

✳ 20일 동안 공부한 내용을 정리 💡 해 보며 자기의 실력을 확인해요.

✳ 그날 배운 내용을 바로바로, 또는 주말에 모아서 복습하고, 다이아몬드 획득까지! 💎✏️ 공부가 저절로 즐거워져요!

차례

우리도 하루 4쪽 공부 습관!
스스로 공부하는 힘을
키워 볼까요?

큰 습관이
지금은 그 친구를 이끌고 있어요.
매일매일의 좋은 습관은 우리를 좋은
곳으로 이끌어줄 거예요.

한 친구가
작은 습관을 만들었어요.

매일매일의 시간이 흘러
작은 습관은 큰 습관이 되었어요.

| 시대 | 조선 시대~대한 제국

이준

글을 읽으면서 중요하다고 생각하는 낱말에 색칠해 보세요.

❶ 국권 회복에 힘쓰다

함경북도에서 태어난 이준은 1895년에 37세의 나이로 ^❶법관 양성소를 졸업하였어요. 졸업 직후에는 한성 재판소에서 검사로 임명되기 전 검사의 일을 돕는 검사보로 관직 생활을 시작하였어요. 하지만 얼마 안 되어 아관 파천이 일어났어요. 아관 파천은 1896년 고종이 일본의 위협을 피해 러시아 공사관으로 옮겨 간 사건을 말해요. 이때 이준은 여러 가지 이유로 ^❷파면되었고, 반대파의 공격을 피해 일본으로 건너가 법학을 공부하였어요.

이후 대한 제국에 돌아온 이준은 독립 협회에 가입하여 연설을 하는 등 적극적으로 활동하였어요. 1904년에는 일본의 황무지 ^❸개간권 요구에 맞섰지요. 일본인들이 황무지를 일구어 대한 제국의 토지를 소유하려고 대한 제국에 황무지 개간권을 요구하였거든요. 이를 막기 위해 국내의 뜻있는 인사들이 보안회라는 단체를 만들었는데, 이준도 여기에 참여한 거예요. 이준과 그의 동지들은 일제의 ^❹강압에도 굴하지 않고 반대 운동을 계속하였어요. 마침내 이들은 일본의 황무지 개간권 요구를 ^❺저지하는 데 성공하였답니다.

❶ **법관**: 법원에 소속되어 사건을 조사하고, 분쟁이나 이해의 대립을 법률적으로 해결하고 조정하는 권한을 가진 사람
❷ **파면**: 잘못을 저지른 사람에게 직무나 직업을 그만두게 함.
❸ **개간**: 거친 땅이나 버려 둔 땅을 일구어 논밭이나 쓸모 있는 땅으로 만듦.
❹ **강압**: 강한 힘이나 권력으로 강제로 억누름.
❺ **저지**: 막아서 못하게 함.

중심 낱말 찾기

01 다음에서 설명하는 사건을 이 글에서 찾아 쓰세요.

1896년 고종이 일본의 위협을 피해 러시아 공사관으로 옮겨 간 사건이다.

✎ _____

내용 이해

02 이준에 대한 설명으로 알맞지 <u>않은</u> 것은 무엇인가요? [✎   ]

① 일본에서 공부하였다.

② 독립 협회에 가입하였다.

③ 법관 양성소를 졸업하였다.

④ 보안회의 활동에 참여하였다.

⑤ 일제의 황무지 개간권 요구에 찬성하였다.

어휘 확인

03 다음 낱말의 뜻을 찾아 선으로 이으세요.

1 개간 •   • ㄱ 막아서 못하게 함.

2 저지 •   • ㄴ 잘못을 저지른 사람에게 직무나 직업을 그만두게 함.

3 파면 •   • ㄷ 거친 땅이나 버려 둔 땅을 일구어 논밭이나 쓸모 있는 땅으로 만듦.

중심 내용 찾기

04 다음 빈칸을 채워 이 글의 내용을 정리해 보세요.

이준은 법학을 공부하였고, ☐☐☐☐ 에 가입하여 연설 등의 활동을 하였다. 일본이 대한 제국에 황무지 개간권을 요구하자 이준은 ☐☐☐ 라는 단체에 참여하여 반대 운동을 함으로써 일본의 요구를 저지하는 데 성공하였다.

이준

글을 읽으면서 중요하다고 생각하는 낱말에 색칠해 보세요.

② 고종의 특사

1905년 일본이 을사늑약을 강제로 체결하고 대한 제국의 외교권을 [6]박탈하였어요. 이준은 여러 사람과 함께 을사늑약을 무효로 하자는 상소 운동을 전개하였지요. 그는 상소문을 짓고 일본 경찰과 맞서며 시위운동을 하였어요. 고종도 일본의 침략을 막고 을사늑약의 부당함을 알리고자 하였어요.

이때 네덜란드의 헤이그에서 각국 대표들이 세계 평화에 대해 논의하는 회의가 열린다는 소식이 있었어요. 이준은 고종을 만나 이 평화 회의에 [7]특사를 파견하여 을사늑약이 무효라는 것을 여러 나라에 선언할 것을 제의하였어요. 고종은 이준이 검사 출신으로 법을 잘 알고 있으므로, 특사로서 [8]적합한 인물이라고 생각하였어요. 그래서 이준을 비밀리에 특사로 임명하였답니다.

이준이 네덜란드 헤이그로 떠나는 길에 이상설과 이위종이 [9]합류하였어요. 특사들은 을사늑약이 고종의 허가를 받지 못한 불법 조약임을 알리고자 하였지만 러시아의 배신과 일본의 방해로 회의장에 들어가지도 못하였어요. 결국 이들은 회의장 밖에 있던 기자들에게 대한 제국의 독립을 주장하는 [10]연설을 하였지요. 하지만 그 노력은 끝내 좌절되었답니다.

일본인들의 을사늑약 강요는 비열하며 불법적인 행동입니다!

---

[6] **박탈**: 남의 재물이나 권리, 자격 등을 빼앗음.

[7] **특사**: 특별 임무를 띠고 파견하는 사절

[8] **적합**: 일이나 조건 등에 꼭 알맞음.

[9] **합류**: 일정한 목적을 위하여 다른 사람, 단체, 당파 따위와 하나로 합쳐 행동을 같이함.

[10] **연설**: 여러 사람 앞에서 자기의 생각이나 주장을 발표함.

05 다음 , ㉡에 들어갈 낱말을 이 글에서 찾아 각각 쓰세요.

네덜란드의 (㉠   )에서 각국 대표들이 세계 평화를 논의하는 회의가 열렸을 때, 고종은 일본의 침략을 막고 을사늑약의 부당함을 알리고자 (㉡   ), 이상설, 이위종을 비밀리에 특사로 파견하였다.

✎ ㉠:   ㉡:

06 다음 사건이 일어난 순서에 맞게 번호를 쓰세요.

고종이 이준을 헤이그에 보낼 특사로 임명하였다.

일본이 을사늑약을 체결하고 대한 제국의 외교권을 박탈하였다.

이준은 네덜란드 헤이그에서 대한 제국의 독립을 주장하는 연설을 하였다.

07 다음 뜻을 나타내는 낱말을 쓰세요.

❶ 일이나 조건 등에 꼭 알맞음. ☐ ☐

❷ 남의 재물이나 권리, 자격 등을 빼앗음. ☐ ☐

❸ 여러 사람 앞에서 자기의 생각이나 주장을 발표함. ☐ ☐

08 헤이그 특사 활동의 의의를 바르게 말한 어린이는 누구인지 쓰세요.

다영	네덜란드 헤이그에서 열린 세계 평화 회의를 방해하였어.
우진	당시 세계에서 일본이 큰 힘을 갖고 있다는 것을 깨닫고 인정하게 되었어.
현서	일본의 침략으로 위기에 빠진 대한 제국의 사정을 전 세계에 알릴 수 있었어.

|시대| 조선 시대~일제 강점기

고종

글을 읽으면서 중요하다고 생각하는 낱말에 색칠해 보세요.

❶ 여러 나라에 조선의 문을 열다

고종이 즉위하기 전 조선의 왕이었던 철종은 아들 없이 세상을 떠났어요. 그러자 조정에서는 임금의 자리를 이을 왕족을 찾았지요. 이때 사도 세자와 궁녀 사이의 ^❶후손이었던 흥선 대원군이 나섰어요. 그는 아들인 고종을 왕으로 만들기 위해 당시 ^❷궁중의 최고 어른이었던 신정 왕후와 손을 잡았어요. 그리고 고종을 조선 제26대 왕에 오르게 하였지요. 고종은 당시 12세에 불과하여 신정 왕후가 ^❸수렴청정을 하였고, 아버지인 흥선 대원군이 실제 ^❹정권을 가졌어요.

고종은 1873년부터 직접 통치를 시작하였어요. 그는 서양과의 교류를 막는 정책을 취하였던 흥선 대원군과는 달리 나라의 문을 열고 외국 문물을 받아들였어요. 1875년에는 일본이 운요호라는 배를 조선에 보내 대포를 쏘며 새로이 ^❺조약을 맺을 것을 요구하였어요. 고종은 신하들과 회의를 하면서 나라의 문을 열어 선진 문물을 받아들여야 한다는 개화 세력의 의견을 받아들였어요. 그리하여 1876년 일본과 강화도 조약을 맺고 일본에 나라의 문을 열었지요. 이후 고종은 미국을 비롯한 서양의 여러 나라와도 조약을 맺어 나라의 문을 개방하였답니다.

강화도 조약 체결

제4조, 제5조
조선 조정은 부산과 두 개의 항구를 골라 개방하고 일본인이 자유롭게 왕래하면서 통상할 수 있게 한다.

---

❶ **후손**: 자신의 세대에서 여러 세대가 지난 뒤의 자녀를 통틀어 이르는 말
❷ **궁중**: 대궐 안
❸ **수렴청정**: 임금이 어린 나이로 즉위하였을 때, 왕대비나 대왕대비가 이를 도와 정사를 돌보던 일
❹ **정권**: 정치를 담당하는 권력
❺ **조약**: 국가 간의 권리와 의무를 국가 간의 합의에 따라 법적 구속을 받도록 규정하는 행위

중심 낱말 찾기

01 다음에서 설명하는 조약의 이름을 이 글에서 찾아 쓰세요.

1875년 일본이 운요호를 조선에 보내 조약을 맺을 것을 요구하자, 다음 해에 고종이 일본과 맺은 조약이다. 이 조약을 통해 조선은 일본에 나라의 문을 열었다.

내용 이해

02 고종에 대한 설명으로 알맞은 것은 무엇인가요? [   ]

① 수렴청정을 하였다.

② 철종의 아들로 태어났다.

③ 아들 없이 세상을 떠났다.

④ 직접 통치를 시작하면서 외국 문물을 받아들였다.

⑤ 서양과의 교류에 대한 정책은 아버지와 뜻을 같이하였다.

어휘 확인

03 다음 낱말의 뜻을 찾아 선으로 이으세요.

1 정권 •　　　　　• ㄱ 정치를 담당하는 권력

2 조약 •　　　　　• ㄴ 국가 간의 권리와 의무를 국가 간의 합의에 따라 법적 구속을 받도록 규정하는 행위

3 수렴청정 •　　　　　• ㄷ 임금이 어린 나이로 즉위하였을 때, 왕대비나 대왕대비가 이를 도와 정사를 돌보던 일

중심 내용 찾기

04 다음 빈칸을 채워 이 글의 내용을 정리해 보세요.

고종은 아버지인 □□□□ 의 노력으로 왕이 되었다. 그는 조선을 직접 통치하면서 외국 문물을 받아들였고, 개화 세력의 의견을 받아들여 □□ 과 강화도 조약을 맺었다.

고종

글을 읽으면서 중요하다고 생각하는 낱말에 색칠해 보세요.

❷ 대한 제국을 수립하다

가 고종은 조선의 문을 열고 새 정부 기구를 만들어 외교, 무역 등을 포함한 [6]개화 정책을 추진하였어요. 그는 [7]신식 군대인 별기군을 만들었고, 외국의 문물을 효과적으로 받아들이기 위해 신하들을 일본, 청, 미국 등지에 보내 보고서를 올리게 하였어요. 한편, 이 시기에 외국의 사상, 문물, 상품 등이 새롭게 들어오면서 피해를 입은 사람들은 개화에 반발하기도 하였답니다.

나 1897년 고종은 나라 이름을 '대한 제국'으로 바꾸고, 땅에 떨어진 국가의 위상을 높이고자 하였어요. 그리하여 고종은 자신을 '황제'라고 칭하였고, 왕이 입던 용의 무늬를 수놓은 옷 대신 서양식 [8]제복을 입었어요. 또한 군주권을 높이면서 군사, 경제 등 여러 분야에서 개혁을 실시하였어요.

다 고종의 여러 노력에도 불구하고 대한 제국은 위기를 맞았어요. 1905년에는 일본의 이토 히로부미가 조선을 위협하여 강제로 을사늑약을 체결하였고, 그 결과 대한 제국의 [9]외교권이 일본에 넘어갔어요. 고종은 을사늑약의 부당함을 알리고자 1907년 네덜란드 헤이그에 특사를 보냈지요. 그러나 일본은 이 일을 구실 삼아 고종을 황제 자리에서 몰아냈어요. 그리고 1910년 대한 제국은 일본에 [10]국권을 빼앗기고 말았답니다.

---

[6] **개화**: 사람의 지혜가 열려 새로운 사상, 문물, 제도 등을 가지게 됨.

[7] **신식**: 새로운 방식이나 형식

[8] **제복**: 특정한 곳에서 정하여진 규정에 따라 입도록 한 옷

[9] **외교권**: 주권 국가로서 다른 나라와 정치적, 경제적, 문화적 관계를 맺는 일을 할 수 있는 권리

[10] **국권**: 국가가 행사하는 권력으로 주권과 통치권을 이르는 말

중심 낱말 찾기

05 각 문단의 중심 낱말을 찾아 쓰세요.

가 문단: ☐☐ 정책을 추진한 고종

나 문단: ☐☐☐☐ 을 수립한 고종

다 문단: ☐☐☐☐ 체결과 빼앗긴 국권

내용 이해

06 이 글의 내용과 일치하지 <u>않는</u> 것은 무엇인가요? [✎]

① 고종은 신식 군대인 별기군을 만들었다.

② 고종은 나라 이름을 대한 제국으로 바꾸었다.

③ 고종의 개화 정책에 반대하는 사람들이 있었다.

④ 대한 제국 시기에 고종은 서양식 제복을 입었다.

⑤ 을사늑약을 체결한 1905년에 대한 제국은 일본에 국권을 빼앗겼다.

어휘 확인

07 다음 뜻을 나타내는 낱말을 쓰세요.

1 특정한 곳에서 정하여진 규정에 따라 입도록 한 옷 ☐☐

2 국가가 행사하는 권력으로 주권과 통치권을 이르는 말 ☐☐

3 사람의 지혜가 열려 새로운 사상, 문물, 제도 등을 가지게 됨. ☐☐

내용 추론

08 고종이 대한 제국을 수립한 의의를 바르게 추론한 어린이는 누구인지 쓰세요.

나연	일본에 빼앗긴 국권을 되찾고자 하였어.
성민	개화에 반발하는 사람들을 처벌하고자 하였어.
준규	군주의 권리를 강화하여 외국 세력을 견제하고자 하였어.

✎

|시대| 조선 시대~대한 제국

안중근

글을 읽으면서 중요하다고 생각하는 낱말에 색칠해 보세요.

❶ 항일 의병 활동

안중근은 1879년 황해도 해주의 ^❶부유한 양반 가문에서 태어났어요. 하지만 7살 때 안중근의 아버지가 갑신정변을 일으킨 개화 세력과 교류하였던 일 때문에 안중근과 그의 가족들은 황해도의 산골로 ^❷이사하게 되었어요. 안중근은 할아버지로부터 유학과 역사를 배우며 ^❸민족의식을 키웠어요. 그리고 아버지의 영향으로 개화사상을 받아들였지요. 안중근은 산골에서 지내면서 말타기와 활쏘기를 배우고 총 쏘는 법도 익혔어요.

한편, 러일 전쟁에서 승리한 일본은 1905년 대한 제국을 강요하여 을사늑약을 맺었어요. 이로 인해 대한 제국은 외교권을 빼앗겼지요. 일본은 1907년에 대한 제국의 군대도 ^❹해산시켰어요. 대한 제국이 위기에 처하자, 안중근은 해외에서 항일 의병 ^❺투쟁을 전개하기로 마음먹었어요.

안중근은 러시아 블라디보스토크로 가서 독립 운동가들과 함께 의병 부대를 조직하였어요. 그는 의병들을 이끌고 함경도로 가서 일본 군인과 경찰 수십 명을 죽였어요. 하지만 얼마 후 안중근이 이끄는 의병 부대는 일본군의 공격을 받아 크게 패하고 말았답니다.

---

❶ **부유하다**: 재물이 넉넉하다.

❷ **이사**: 사는 곳을 다른 데로 옮김.

❸ **민족의식**: 자기 민족의 존엄과 권리를 지키고 민족의 단결과 발전을 꾀하려는 집단적 의지나 감정

❹ **해산**: 집단, 조직, 단체 등이 해체하여 없어짐. 또는 없어지게 함.

❺ **투쟁**: 어떤 대상을 이기거나 극복하기 위한 싸움

글을 이해해요

정답 98쪽

중심 낱말 찾기

01 다음에서 설명하는 조약을 이 글에서 찾아 쓰세요.

러일 전쟁에서 승리한 일본이 1905년 대한 제국을 강요하여 맺은 조약이다. 이 조약을 통해 일본은 대한 제국의 외교권을 빼앗았다.

✎ _____

내용 이해

02 안중근에 대한 설명으로 알맞지 <u>않은</u> 것은 무엇인가요? [✎   ]

① 황해도의 양반 가문에서 태어났다.
② 말타기, 활쏘기, 총 쏘는 법을 익혔다.
③ 할아버지로부터 유학과 역사를 배웠다.
④ 해외에서 항일 의병 투쟁을 전개하였다.
⑤ 그가 이끄는 의병 부대는 모든 전투에서 승리하였다.

어휘 확인

03 다음 뜻을 나타내는 낱말을 쓰세요.

① 사는 곳을 다른 데로 옮김. ☐☐

② 어떤 대상을 이기거나 극복하기 위한 싸움 ☐☐

③ 집단, 조직, 단체 등이 해체하여 없어짐. 또는 없어지게 함. ☐☐

중심 내용 찾기

04 다음 빈칸을 채워 이 글의 내용을 정리해 보세요.

안중근은 어린 시절부터 민족의식을 키우고 ☐☐ 사상을 받아들였다. 일본의 침략으로 대한 제국이 위기에 처하자, 러시아 블라디보스토크로 가서 독립운동가들과 함께 항일 ☐☐ 투쟁을 전개하였다.

안중근

글을 읽으면서 중요하다고 생각하는 낱말에 색칠해 보세요.

2 이토 히로부미를 처단하다

가 오늘날 중국의 하얼빈역에는 '안중근 [6] 의사 기념관'이 있어요. ㉠ 이곳에 있는 벽시계는 9시 30분을 가리킨 채 멈춰 있지요. 왜일까요? 그 이유는 1909년 안중근이 행한 [7] 의거에서 찾을 수 있답니다.

나 안중근은 1908년 항일 의병 투쟁을 전개하다가 일본군에게 크게 패하였고, 굶주림 속에 길을 헤매다 간신히 연해주로 이동하였어요. 연해주에서 활동하던 안중근은 1909년 11명의 [8] 동지들과 비밀 단체를 조직하였어요. 그리고 대한 제국을 침략하는 데 앞장선 인물들을 제거하자고 동지들과 함께 맹세하였지요. 그해 9월 일본의 이토 히로부미가 만주 하얼빈을 방문한다는 소식이 들렸어요. 이토 히로부미는 대한 제국의 외교권을 강제로 빼앗았던 을사늑약을 주도한 인물이에요.

다 1909년 10월 26일 오전 9시 30분 하얼빈역, 이토 히로부미는 안중근이 쏜 총에 맞아 쓰러졌어요. 곧 러시아 헌병들이 안중근을 체포하였지요. 안중근은 일본 검찰관에게 조사를 받으면서 [9] 의연한 태도로 이토 히로부미를 죽인 이유를 말하였어요. 하지만 일본은 안중근을 폭력적으로 조사하여 그에게 사형을 [10] 선고하였고, 1910년 3월 26일, 안중근은 뤼순 감옥에서 생을 마치게 되었답니다.

---

[6] **의사**: 나라와 민족을 위하여 제 몸을 바쳐 일하려는 뜻을 가진 의로운 사람
[7] **의거**: 정의를 위하여 개인이나 집단이 의로운 일을 도모함.
[8] **동지**: 목적이나 뜻이 서로 같음. 또는 그런 사람
[9] **의연하다**: 의지가 굳세어서 끄떡없음.
[10] **선고**: 형사 사건을 심사하는 법정에서 재판장이 판결을 알리는 일

중심 낱말 찾기

05 다음에서 설명하는 인물을 이 글에서 찾아 쓰세요.

> 1905년 대한 제국의 외교권을 빼앗은 을사늑약을 주도한 인물로, 1909년 하얼빈역에서 안중근에 의해 죽임을 당하였다.

내용 이해

06 다음 내용은 이 글의 가 ~ 다 문단 중 어느 문단과 관련이 깊은지 쓰세요.

> 일본 검찰관이 왜 이토 히로부미를 죽였는지 물었다. 그러자 안중근은 "…… 첫째, 명성 황후를 시해한 죄. 둘째, 을사늑약을 강제로 체결한 죄. …… 넷째, 고종 황제를 폐위시킨 죄. 다섯째, 대한 제국의 군대를 해산시킨 죄. ……"라고 대답하였다.

어휘 확인

07 다음 낱말의 뜻을 찾아 선으로 이으세요.

1 동지 • • ㉠ 결단을 내려 처치하거나 처분함.

2 선고 • • ㉡ 목적이나 뜻이 서로 같음. 또는 그런 사람

3 처단 • • ㉢ 형사 사건을 심사하는 법정에서 재판장이 판결을 알리는 일

내용 추론

08 이 글을 참고하여 ㉠의 이유를 쓰세요.

| 시대 | 조선 시대~대한 제국

김홍집

글을 읽으면서 중요하다고 생각하는 낱말에 색칠해 보세요.

❶ 조선의 개화를 이끌다

김홍집은 조선 후기에 활동하였던 개화파 중 한 명이에요. 특히 그는 전통적인 사상을 지키면서 ❶서구의 기술을 받아들이자는 입장을 지녔어요. 이러한 입장을 가진 사람들을 온건 개화파라고 해요. 김홍집은 실학자이자 개화 사상가였던 박규수의 ❷문하에서 글을 배웠어요. 그리고 과거에 급제하여 관직에 나아갔지요.

김홍집은 수신사의 일원으로 일본에 방문하였어요. 수신사는 조선 정부가 일본에 보낸 외교 사절단이에요. 김홍집은 일본에서 일행과 함께 일본의 근대화된 모습을 두루 살폈어요. 그리고 일본에서 돌아오면서 황준헌이 쓴 『조선책략』이라는 책을 조선에 가지고 왔어요. 이 책에는 조선이 러시아의 위협으로부터 벗어나기 위해서 미국과 외교 관계를 맺을 것을 권하는 내용이 담겨 있었는데, 고종은 이 책의 내용을 외교 정책에 도입하기로 하였지요. 그러나 이러한 정책은 당시 외국을 ❸경계하던 유생들의 반발을 불러일으키기도 하였답니다.

조선은 미국과 연합하여야 한다.

조선책략

조선은 1882년 서양 국가 중 가장 먼저 미국에 문을 열었는데, 그 ❹물꼬를 튼 사람이 김홍집이었어요. 김홍집이 미국과 조약을 맺는 데에 중요한 역할을 맡은 것이에요. 이뿐만 아니라 김홍집은 이후에 이루어진 외국과의 ❺교섭도 거의 맡아서 진행하였답니다.

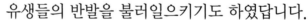

❶ **서구**: 서양을 이루는 유럽과 북아메리카를 통틀어 이르는 말
❷ **문하**: 가르침을 받는 스승의 아래
❸ **경계**: 옳지 않은 일이나 잘못된 일들을 하지 않도록 타일러서 주의하게 함.
❹ **물꼬**: 논에 물이 넘나들도록 만든 좁은 통로. 어떤 일의 시작을 비유적으로 이르는 말
❺ **교섭**: 어떤 일을 이루기 위하여 서로 의논하고 절충함.

글을 이해해요

정답 99쪽

중심 낱말 찾기

01 다음에서 설명하는 책을 이 글에서 찾아 쓰세요.

> 일본에 수신사로 갔던 김홍집이 조선에 들여온 책이다. 조선이 러시아의 위협으로부터 벗어나기 위해 미국과 외교 관계를 맺을 것을 권하는 내용이 담겨 있다.

내용 이해

02 김홍집에 대한 설명으로 알맞지 <u>않은</u> 것은 무엇인가요? [   ]

① 온건 개화파에 속하였다.

② 수신사로서 미국에 다녀왔다.

③ 박규수의 문하에서 글을 배웠다.

④ 『조선책략』을 조선에 소개하였다.

⑤ 조선이 미국과 조약을 맺는 데에 중요한 역할을 하였다.

어휘 확인

03 다음 뜻을 나타내는 낱말을 쓰세요.

❶ 가르침을 받는 스승의 아래 ☐☐

❷ 어떤 일을 이루기 위하여 서로 의논하고 절충함. ☐☐

❸ 옳지 않은 일이나 잘못된 일들을 하지 않도록 타일러서 주의하게 함. ☐☐

중심 내용 찾기

04 다음 빈칸을 채워 이 글의 내용을 정리해 보세요.

> 조선 후기 개화파였던 김홍집은 ☐☐☐로서 일본에 가서 일본의 근대화된 모습을 살폈다. 그는 1882년 조선이 서양 국가 중 가장 먼저 ☐☐에 문을 열었을 때 중요한 역할을 맡았다.

김홍집

글을 읽으면서 중요하다고 생각하는 낱말에 색칠해 보세요.

② 갑오개혁을 주도하다

김홍집은 1882년 조선이 미국과 조약을 맺고 난 후, 이전에 일본과 체결한 강화도 조약의 문제점을 손보는 일에 참여하였어요. 강화도 조약에는 ^❻관세에 관한 규정이 없었기 때문에 김홍집은 일본과 관세 문제를 해결하려고 한 것이에요. 그는 미국과 맺은 조약을 근거로 일본을 압박하였어요. 그 결과 1883년 일본과 체결하는 조약에 관세 조항을 포함시킬 수 있었어요. 그러면서 김홍집은 조선의 외교 ^❼전문가로 자리 잡아 갔어요.

김홍집은 1894년에 시작된 갑오개혁에서 총괄적인 ^❽책임을 맡았어요. 사실 갑오개혁은 일본의 압력에 의해 시작된 개혁이었지요. 일본은 경복궁을 점령한 후 조선이 개화파 정부를 구성하도록 하였고, 조선은 개화파 정부를 중심으로 신분제 폐지를 포함한 개혁을 추진하였어요.

하지만 1895년 을미사변이 일어나고, 이후 ^❾단발령까지 실시되자 사람들은 크게 반발하였어요. 을미사변을 처리하는 과정에서 김홍집이 일본의 눈치를 본 일이 문제가 되기도 하였지요. 이러한 상황에서 아관 파천으로 러시아 공사관에 간 고종은 김홍집을 역적으로 ^❿선포하였어요. 결국 김홍집은 친일파로 몰려 군중의 손에 죽고 말았답니다.

---

❻ **관세**: 수출, 수입되거나 통과되는 화물에 대하여 부과되는 세금
❼ **전문가**: 어떤 분야를 연구하거나 그 일에 종사하여 그 분야에 상당한 지식과 경험을 가진 사람
❽ **책임**: 맡아서 해야 할 임무나 의무
❾ **단발령**: 조선 시대에 개혁의 하나로 상투 풍속을 없애고 머리를 짧게 깎도록 한 명령
❿ **선포**: 세상에 널리 알림.

중심 낱말 찾기

05 다음에서 설명하는 개혁을 이 글에서 찾아 쓰세요.

> 1894년에 시작된 개혁으로 김홍집이 총괄적인 책임을 맡았으며, 신분제 폐지 등이 이루어졌다.

내용 이해

06 이 글의 내용과 일치하는 것은 무엇인가요? [✎]

① 조선 사람들은 단발령에 찬성하였다.
② 갑오개혁은 미국의 압력에 의해 시작되었다.
③ 강화도 조약에는 관세에 대한 규정이 있었다.
④ 김홍집은 일본과 체결하는 조약에 관세 조항을 포함시켰다.
⑤ 을미사변은 고종이 러시아 공사관으로 거처를 옮긴 사건이다.

어휘 확인

07 다음 문장의 빈칸에 들어갈 낱말을 보기에서 찾아 쓰세요.

> 보기
>
> 선포   책임   전문가

❶ 왕은 전쟁을 (   )하며 적국을 공격하였다.
❷ 교사는 학생을 지도하고 보호할 (   )이/가 있다.
❸ 그는 컴퓨터에 관해서 (   ) 못지않은 지식을 가지고 있었다.

내용 추론

08 이 글을 읽고 잘못 추론한 어린이는 누구인지 쓰세요.

선미	갑오개혁은 실패한 개혁으로 그 의미가 없다고 보아야 해.
종혁	조선이 갑오개혁을 실시하였을 때 일본의 영향을 많이 받았을 것 같아.
세훈	김홍집은 조선의 개혁과 개방에 앞장서다가 비극적인 최후를 맞게 되었구나.

|시대| 조선 시대~대한 제국

05 신돌석

글을 읽으면서 중요하다고 생각하는 낱말에 색칠해 보세요.

❶ 을미의병에 참여하다

일본이 대한 제국으로 침략을 확대해 갈 때 많은 백성들이 의병을 일으켜 나라를 구하고자 하였어요. 그중 신돌석은 평민 출신으로 의병 부대를 이끈 인물이었어요. 신돌석이 평민이었다는 사실은 ❶일화를 통해 알 수 있어요. 신돌석이 양반처럼 갓을 쓰고 제대로 된 옷을 갖추어 입자,

평민 출신 의병장

어떤 사람이 그의 갓을 벗겨 부수었다는 이야기가 전해지거든요. 이러한 ❷봉변을 당한 일화에서 신돌석이 평민이었다는 것을 짐작해 볼 수 있지요.

대한 제국 시기 러시아와 일본은 대한 제국에서 세력을 확대하려고 경쟁하였어요. 이러한 경쟁에서 불리해진 일본은 1895년 끔찍한 사건을 일으켰지요. 일본 ❸공사 미우라가 일본인들을 동원하여 궁궐에 침입한 뒤 명성 황후를 ❹시해한 일이었어요. 이후 상투를 자른다는 단발령까지 나오자, 양반 유생을 중심으로 을미의병이 일어났어요.

신돌석도 19세가 되던 1896년, 고향에서 일어난 의병 운동에 참여하였어요. 신돌석이 포함된 의병 부대는 여러 전투에서 승리를 거두는 성과를 내기도 하였지요. 그러다가 의병장이 죽고 ❺병력과 무기가 부족해지면서 의병 부대는 해산되었어요.

❶ **일화:** 세상에 널리 알려지지 아니한 흥미 있는 이야기
❷ **봉변:** 뜻밖의 변이나 망신스러운 일을 당함.
❸ **공사:** 국가를 대표하여 파견되는 외교 사절
❹ **시해:** 부모나 임금 등을 죽임.
❺ **병력:** 군대의 인원

글을 이해해요

정답 100쪽

중심 낱말 찾기

01 다음에서 설명하는 명령을 이 글에서 찾아 쓰세요.

1895년 상투를 자르게 한 명령으로, 을미의병이 일어나는 배경이 되었다.

✎

내용 이해

02 이 글의 내용과 일치하지 <u>않는</u> 것은 무엇인가요? [✎　　]

① 신돌석은 평민 출신이었다.

② 신돌석은 의병 운동에 참여하였다.

③ 을미의병은 양반 유생을 중심으로 일어났다.

④ 신돌석이 포함된 의병 부대는 한 번도 승리하지 못하였다.

⑤ 일본이 대한 제국으로 침략을 확대하자 백성들이 의병을 일으켰다.

어휘 확인

03 다음 낱말의 뜻을 찾아 선으로 이으세요.

1 봉변 •　　　　　　　　　• ㄱ 부모나 임금 등을 죽임.

2 시해 •　　　　　　　　　• ㄴ 뜻밖의 변이나 망신스러운 일을 당함.

3 일화 •　　　　　　　　　• ㄷ 세상에 널리 알려지지 아니한 흥미 있는 이야기

중심 내용 찾기

04 다음 빈칸을 채워 이 글의 내용을 정리해 보세요.

◻◻ 출신이었던 신돌석은 1896년에 고향에서 일어난 ◻◻ 운동에 참여하였다. 그가 포함된 의병 부대는 여러 전투에서 승리를 거두다가, 해산되었다.

25

신돌석

글을 읽으면서 중요하다고 생각하는 낱말에 색칠해 보세요.

② 평민 출신 의병장

1905년 일본이 대한 제국의 외교권을 빼앗은 을사늑약이 체결되었어요. 이 소식을 들은 신돌석은 1906년 [6]의병장이 되어 의병을 일으켰어요. 당시 양반 유생들은 서원이나 [7]향교 등에서 의병을 일으켰지만, 신돌석은 집 근처에 있는 [8]주점에서 의병을 일으켰어요. 이때 모여든 의병들은 일부 상인이나 양반 출신도 있었지만 대부분 농민이었어요.

신돌석 부대는 경상북도 울진을 주로 공격하였어요. 그들은 울진에서 일본인이 살던 [9]가옥을 부수고, 일본인의 돈을 빼앗았지요. 그리고 지방 관아를 공격하여 총과 화약, 탄환 등 무기를 [10]확보하였어요. 일본군이 신돌석을 잡기 위해 부대를 보내자, 그는 태백산맥에 들어가서 투쟁을 지속하였어요. 신돌석은 부대를 작게 나누어 유격전으로 저항하면서 일본군에게 피해를 입혔어요. 신돌석의 활약에 사람들은 그를 '태백산 호랑이'라는 별명으로 부르기도 하였답니다.

1908년 일본군의 공격으로 더 이상 버티기 어려웠던 신돌석은 부대를 해산하고 만주로 떠날 계획을 세웠어요. 하지만 그는 고향 근처 마을에 들렀다가, 옛 부하의 손에 죽임을 당하고 말았어요. 실로 갑작스러운 죽음이었어요.

태백산맥 일대의 지형은 우리가 제일 잘 알지!

---

[6] **의병장**: 의병을 거느리는 장수
[7] **향교**: 고려 시대와 조선 시대에 지방에 공자를 모신 사당과 그에 속한 관립 학교
[8] **주점**: 술을 파는 집
[9] **가옥**: 사람이 사는 집
[10] **확보**: 확실히 보증하거나 가지고 있음.

중심 낱말 찾기

05 다음 ㄱ, ㄴ에 들어갈 낱말을 이 글에서 찾아 각각 쓰세요.

> 신돌석은 을사늑약 체결의 소식이 들리자 1906년 (ㄱ   )이 되어 의병을 일으켰다. 이때 모여든 의병들은 대부분 (ㄴ   )이었다.

✎ ㄱ: ＿＿＿＿＿＿＿＿＿   ㄴ: ＿＿＿＿＿＿＿＿＿

내용 이해

06 이 글을 읽고 알 수 있는 내용으로 알맞지 <u>않은</u> 것은 무엇인가요? [✎   ]

① 신돌석의 별명

② 신돌석의 신분

③ 만주에 간 신돌석의 활동 내용

④ 신돌석 부대가 주로 공격한 지역

⑤ 일본이 대한 제국의 외교권을 빼앗은 조약의 이름

어휘 확인

07 다음 문장의 빈칸에 들어갈 낱말을 보기에서 찾아 쓰세요.

> **보기**
>
> 주점   확보   의병장

❶ (   )에서 술꾼들의 흥겨운 노랫소리가 들려왔다.

❷ 전투 중에 (   )을/를 잃은 의병들은 뿔뿔이 흩어졌다.

❸ 검사는 재판에서 이기려면 증거를 충분히 (   )해야 한다고 하였다.

중심 내용 찾기

08 이 글의 중심 내용으로 가장 알맞은 것은 무엇인가요? [✎   ]

① 일본은 대한 제국의 외교권을 빼앗았다.

② 1905년에 전국에서 의병 운동이 일어났다.

③ 양반 유생들은 서원이나 향교에서 의병을 일으켰다.

④ 신돌석은 평민 출신 의병장으로서 큰 활약을 하였다.

⑤ 일본군의 공격을 피해 많은 의병이 만주로 이동하였다.

|시대| 조선 시대~일제 강점기

안창호

글을 읽으면서 중요하다고 생각하는 낱말에 색칠해 보세요.

❶ 명연설로 이름을 날리다

안창호는 1878년 평안남도에서 가난한 농민의 아들로 태어났어요. 그가 자란 마을은 평양 ❶근처에 있었어요. 1894년 청일 전쟁이 벌어졌을 때 평양은 청나라와 일본으로부터 공격을 받아 ❷파괴되었고, 조선의 백성들도 피해를 보았지요. 이를 경험한 안창호는 우리가 힘 있는 민족이 되어야 한다고 생각하였고, 그러기 위해 ❸신학문을 배우기로 결심하였어요.

안창호는 서울 정동에 있는 구세 학당에서 신학문을 3년간 공부하였어요. 그가 졸업하던 해인 1896년에 독립 협회가 ❹설립되자, 안창호는 이곳에 회원으로 가입하였어요. 그리고 1898년, 독립 협회의 주최로 평양에서 열린 만민 공동회의 ❺연사로 나서 무능한 관리들을 비판하는 연설을 하여 사람들의 마음을 사로잡았어요.

1902년 안창호는 나라를 위해 큰 일을 하려면 더 많은 배움이 필요하다는 것을 느끼고 미국 유학길에 올랐어요. 미국으로 가던 중에 안창호는 바다에 산처럼 솟은 하와이를 발견하고, 우뚝 솟은 섬과 같이 나라를 부강하게 일으켜 세우리라는 뜻으로 '도산(島山)'이라는 호를 지었답니다.

관리들은 백성에게서 빼앗은 돈으로 놀이만 다니니 이래서야 어디 나라 꼴이 되겠습니까?

---

❶ **근처**: 가까운 곳
❷ **파괴**: 때려 부수거나 깨뜨려 헐어 버림.
❸ **신학문**: 서양에서 들어온 새 학문을 이르는 말
❹ **설립**: 기관이나 조직체 등을 만들어 일으킴.
❺ **연사**: 연설하는 사람

글을 이해해요

정답 101쪽

중심 낱말 찾기

01 다음에서 설명하는 집회를 이 글에서 찾아 쓰세요.

1898년 독립 협회의 주최로 열린 민중 대회를 말한다. 안창호는 이 집회의 연사로 나서 무능한 관리들을 비판하는 연설을 하였다.

내용 이해

02 안창호에 대한 설명으로 알맞지 않은 것은 무엇인가요? [   ]

① 미국에서 유학하였다.
② 신학문을 배척하였다.
③ 평양 근처에서 자랐다.
④ 도산이라는 호를 사용하였다.
⑤ 독립 협회 회원으로 가입하였다.

어휘 확인

03 다음 뜻을 나타내는 낱말을 쓰세요.

1 가까운 곳 ☐☐

2 때려 부수거나 깨뜨려 헐어 버림. ☐☐

3 서양에서 들어온 새 학문을 이르는 말 ☐☐☐

중심 내용 찾기

04 다음 빈칸을 채워 이 글의 내용을 정리해 보세요.

안창호는 ☐☐☐ 에서 주최한 만민 공동회의 연사로 나서 사람들의 마음을 사로잡았다. 이후 그는 나라를 위해 큰일을 하려면 더 배워야겠다는 생각을 하고 ☐☐ 으로 유학을 떠났다.

안창호

글을 읽으면서 중요하다고 생각하는 낱말에 색칠해 보세요.

❷ 민족의 실력을 키우기 위한 노력

안창호는 미국에서 [6]한인의 권리와 민족의식을 높이기 위해 노력하였어요. 그의 뛰어난 [7]지도력 덕분에 [8]교포들의 삶은 점점 나아졌지요. 그러던 중 대한 제국이 어려움에 처한 소식을 듣고, 안창호는 다시 국내로 들어왔어요. 그리고 1907년 국권을 회복하고 자주 독립국을 세우겠다는 목표를 가지고 동지들과 함께 비밀 단체인 신민회를 만들었답니다. 신민회는 학교, 서점, 도자기 회사 등을 통해 민족의 교육과 산업을 일으키려는 운동을 펼쳤어요.

교육을 받아야 우리나라를 구할 수 있어.

안창호는 1909년 일제에 체포되어 [9]고문을 받다가 풀려나자 더는 국내에서 활동할 수 없다고 생각하여 다시 미국으로 건너갔어요. 그리고 미국에 있었던 단체들을 모아 1912년 대한인 국민회를 조직하였어요. 해외 한인들의 권리와 이익을 보호하고 생활을 [10]개선하려는 목적이었어요.

미국의 한인 사회에서 지도자로 활동하던 안창호는 1919년 3·1 운동이 일어난 이후 대한민국 임시 정부에서 활동하였어요. 이곳에서 꾸준히 독립을 준비하던 안창호는 일제에 의해 서대문 형무소에 수감되어 건강이 악화되었어요. 그리고 1938년에 눈을 감았지요. 안창호는 죽는 순간까지 민족의 힘을 키우고 잃어버린 나라를 되찾고자 한평생을 바쳤답니다.

---

[6] **한인**: 한국인으로서 외국에 나가 살고 있는 사람을 이르는 말

[7] **지도력**: 어떤 목적이나 방향으로 남을 가르쳐 이끌 수 있는 능력

[8] **교포**: 다른 나라에 머물러 살며 그 나라 국민으로 살고 있는 동포

[9] **고문**: 숨기고 있는 사실을 강제로 알아내기 위하여 육체적·정신적 고통을 주며 캐어물음.

[10] **개선**: 잘못된 것이나 부족한 것, 나쁜 것 따위를 고쳐 더 좋게 만듦.

정답 101쪽

05 다음에서 설명하는 단체를 이 글에서 찾아 쓰세요.

> 1907년 안창호가 동지들과 함께 만든 비밀 단체로, 민족의 교육과 산업을 일으키려는 운동을 펼쳤다.

내용 이해
06 이 글의 내용과 일치하면 ○, 일치하지 않으면 ×에 표시하세요.

1 1919년에 3·1 운동이 일어났다. [○ / ×]

2 안창호는 1907년 비밀 단체인 독립 협회를 만들었다. [○ / ×]

3 대한인 국민회는 한인들의 권리와 이익 보호를 위해 조직되었다. [○ / ×]

어휘 확인
07 밑줄 친 '고문'이 다음과 같은 뜻으로 사용된 문장이 <u>아닌</u> 것은 무엇인가요?

[✎   ]

> 숨기고 있는 사실을 강제로 알아내기 위하여 육체적·정신적 고통을 주며 캐어물음.

① 그는 <u>고문</u>을 받아 몸이 상하였다.

② 그 사람은 심한 <u>고문</u>으로 고통을 당하였다.

③ 일제는 독립운동가를 잡아다가 <u>고문</u>하였다.

④ 우리나라 헌법에 모든 국민은 <u>고문</u>을 받지 않는다고 나온다.

⑤ 아버지는 우리 학교에 법적으로 도움을 주는 <u>고문</u> 변호사이다.

내용 추론
08 다음 빈칸에 들어갈 말로 가장 알맞은 것은 무엇인가요?

[✎   ]

> **안창호** 우리 민족이 독립을 이루기 위해서는 ＿＿＿＿＿＿＿＿＿＿ 한다.

① 의병을 일으켜야   ② 일본과 타협해야

③ 우리 민족끼리 싸워야   ④ 민족의 힘과 실력을 키워야

⑤ 다른 나라가 도와주기를 기다려야

|시대| 조선 시대~일제 강점기

이회영

글을 읽으면서 중요하다고 생각하는 낱말에 색칠해 보세요.

❶ 근대 사상을 받아들이다

이회영은 1867년 서울의 저동(지금의 명동 일대)에서 태어났어요. 이회영의 집안은 조선 왕조와 대한 제국에서 높은 ❶벼슬을 ❷두루 거친 명문가 집안인데다 재산도 매우 많았어요. 부유한 집안에서 태어난 이회영은 별다른 어려움 없이 어린 시절을 보낼 수 있었어요. 다른 양반집 ❸자제들처럼 과거 시험을 보기 위해 유학도 공부하였지요. 그런데 이회영은 과거 시험에 ❹합격하여 벼슬을 하는 것보다 다른 공부에 눈을 돌리기 시작하였어요.

청년이 된 이회영은 이시영, 이상설과 같은 친구들과 근대 학문을 공부하였어요. 이들은 전통 학문뿐만 아니라 서양의 역사, 정치, 경제, 법률, 영어, 수학, 과학 등 여러 학문을 공부하였지요. 공부를 하면서 이회영은 조선이 신분 차별이 없는 자유롭고 평등한 근대 사회가 되어야 한다고 생각하였어요. 이회영은 이러한 사회를 만들기 위해 자신부터 ❺실천하였어요. 그는 집안의 노비를 신분에서 벗어나게 해 주었고, 다른 집의 노비에게도 높임말을 하였지요. 이러한 태도만 보아도 그가 얼마나 자유와 평등사상에 투철하였는지 짐작할 수 있겠지요?

왜 저 같은 노비에게 존댓말을 하시나요?

저보다 나이가 많으시니까요.

---

❶ **벼슬**: 관아에 나가서 나랏일을 맡아 다스리는 자리
❷ **두루**: 빠짐없이 골고루
❸ **자제**: 남을 높여 그 집안의 젊은이를 이르는 말
❹ **합격**: 시험, 검사, 심사 따위에서 일정한 조건을 갖추어 어떠한 자격이나 지위를 얻음.
❺ **실천**: 생각한 바를 실제로 행함.

정답 102쪽

중심 낱말 찾기

01 다음 ㄱ, ㄴ에 들어갈 낱말을 이 글에서 찾아 각각 쓰세요.

이회영은 근대 학문을 공부하면서 조선이 (ㄱ   )롭고 (ㄴ   )한 근대 사회가 되어야 한다고 생각하였다.

✐ ㄱ: ㄴ:

내용 이해

02 이회영에 대한 설명으로 알맞지 <u>않은</u> 것은 무엇인가요?   [✐   ]

① 근대 학문을 공부하였다.
② 부유한 집안에서 태어났다.
③ 어린 시절 유학을 공부하였다.
④ 과거 시험에 합격하여 벼슬을 하였다.
⑤ 자신보다 나이가 많은 노비들에게 존댓말을 썼다.

어휘 확인

03 다음 낱말의 뜻을 찾아 선으로 이으세요.

1 두루 •   • ㄱ 빠짐없이 골고루

2 실천 •   • ㄴ 생각한 바를 실제로 행함.

3 합격 •   • ㄷ 시험, 검사, 심사 따위에서 일정한 조건을 갖추어 어떠한 자격이나 지위를 얻음.

중심 내용 찾기

04 다음 빈칸을 채워 이 글의 내용을 정리해 보세요.

이회영은 근대 학문을 공부하면서 조선이 신분 [ ][ ]이 없는 자유롭고 평등한 근대 사회가 되어야 한다고 생각하였다. 그리하여 그는 집안의 [ ][ ]들을 신분에서 벗어나게 해 주었고, 다른 집의 노비에게도 높임말을 썼다.

33

이회영

글을 읽으면서 중요하다고 생각하는 낱말에 색칠해 보세요.

② 만주에서 독립군을 길러 내다

1910년 여섯 형제 중 넷째였던 이회영은 형제들과 가족회의를 하였어요. 그는 형제들에게 만주로 가서 독립운동을 하자고 ^❻제안하였지요. 당시는 무력을 앞세운 일본에 우리나라를 빼앗긴 상황이었거든요. 형제들은 모두 이회영의 제안에 ^❼흔쾌히 찬성하였답니다.

우리 만주로 가서 독립운동을 합시다!

이회영은 전 재산을 팔아 독립운동 자금을 마련하였어요. 그리고 가족들과 압록강을 넘어 만주로 가서 삼원보에 정착하였지요. 그곳에서 이회영은 독립운동가들과 함께 한인 자체 단체인 경학사를 설립하고, 그 ^❽부설 기관으로 신흥 강습소를 세웠어요. 후에 신흥 무관 학교로 이름을 바꾼 신흥 강습소는 ^❾독립군을 길러 내기 위한 기관이었어요. 이곳에서 교육과 전술 훈련을 받은 학생들은 훗날 독립군으로 크게 활약하였답니다.

이회영은 지속적으로 독립운동을 펼치다가, 1932년 일본 경찰에게 붙잡혀 감옥에 갔어요. 그곳에서 모진 고문을 받아 65세의 나이로 죽고 말았지요. 그러나 이회영의 형제들은 독립운동을 이어 갔어요. 우리나라의 독립을 위해 전 재산과 목숨까지 바친 이회영과 그의 형제들은 사회적으로 신분이 높은 사람의 도덕적 책임과 ^❿의무를 뜻하는 '노블레스 오블리주'를 실천한 인물들로 여겨지고 있답니다.

---

❻ **제안**: 안이나 의견으로 내놓음. 또는 그 안이나 의견
❼ **흔쾌히**: 기쁘고 유쾌하게
❽ **부설**: 어떤 기관 따위에 부속시켜 설치함. 또는 그런 시설
❾ **독립군**: 우리나라가 일본에 빼앗긴 국권을 찾기 위해 조직한 군대
❿ **의무**: 사람으로서 마땅히 하여야 할 일

중심 낱말 찾기

05 다음에서 설명하는 지역을 이 글에서 찾아 쓰세요.

이회영이 가족들과 만주로 가서 정착한 곳이다. 이회영은 이곳에 신흥 강습소를 세워 독립군을 길러 냈다.

내용 이해

06 이 글을 읽고 알 수 있는 내용으로 알맞지 <u>않은</u> 것은 무엇인가요?

① 이회영의 형제 수
② 이회영의 어린 시절
③ 이회영이 죽게 된 배경
④ 이회영이 독립운동 자금을 마련한 방법
⑤ 이회영과 독립운동가들이 만주에 세운 무관 학교

어휘 확인

07 다음 글에서 밑줄 친 낱말과 뜻이 비슷한 낱말은 무엇인가요?

나는 오늘 가족회의에서 제주도로 가족 여행을 떠나면 좋겠다고 <u>제안</u>하였다. 그러자 우리 가족은 모두 나의 의견에 찬성하였다.

① 건의   ② 권장   ③ 반대   ④ 장려   ⑤ 질문

내용 추론

08 이회영이 한 일이 가지는 의의로 알맞은 것은 무엇인가요?

① 급진적인 개혁을 추진하였다.
② 고종의 마지막 특사로 활동하였다.
③ 노블레스 오블리주를 직접 실천하였다.
④ 의병 운동이 확산하는 데 영향을 주었다.
⑤ 조선이 처음 나라의 문을 여는 것을 주도하였다.

|시대| 조선 시대~일제 강점기
주시경

글을 읽으면서 중요하다고 생각하는 낱말에 색칠해 보세요.

❶ 우리글과 말을 지키기 위한 노력

주시경은 1876년 황해도에서 태어났어요. 주시경의 집이 가난하였기 때문에 그는 큰아버지의 ^❶양자가 되어 서울에서 살게 되었어요. 이곳에서 주시경은 ^❷서당에 들어가 한문을 공부하였어요. 그러나 어려운 한문을 배우는 것에 고민을 품게 되었고, 점차 소리 나는 대로 적을 수 있는 한글에 관심을 가지게 되었지요.

주시경은 1894년에 배재 학당에 들어가서 신학문을 배웠어요. 그는 이곳에서 교사인 서재필을 만났어요. 서재필은 윤치호와 함께 1896년 우리나라 최초의 민간 신문인 독립신문을 창간하였는데요. 주시경은 서재필의 권유로 독립신문의 ^❸한글판을 만드는 데 참여하였고, 독립신문의 기사를 검토하며 ^❹교정하는 일도 맡았지요. 이후 주시경은 동료들과 함께 우리글과 말을 더욱 열심히 연구하였어요.

한글이라서 나도 읽을 수 있군!

주시경은 우리글을 가르치는 데에도 힘을 기울여 서울의 여러 학교에서 국어 강의를 하였어요. 이뿐만 아니라 무료 강습소를 열고, ^❺강연을 다니며 사람들에게 우리글을 가르쳤어요. 사람들은 책이 한가득 있는 보따리를 들고 다니는 주시경의 모습을 보고 그를 주보따리 선생이라고 불렀답니다.

❶ **양자**: 아들이 없는 집에서 대를 잇기 위하여 동성동본 중에서 데려다 기르는 조카뻘 되는 남자아이
❷ **서당**: 예전에, 한문을 사사로이 가르치던 곳
❸ **한글판**: 한글 활자로 짜서 만든 인쇄판. 또는 한글 활자로 찍어 만든 출판물
❹ **교정**: 교정지와 원고를 대조하여 잘못된 글자나 틀린 글자의 인쇄 등을 바르게 고침.
❺ **강연**: 일정한 주제에 대하여 청중 앞에서 강의 형식으로 말함.

글을 이해해요

정답 103쪽

중심 낱말 찾기

01 다음에서 설명하는 신문을 이 글에서 찾아 쓰세요.

> 서재필과 윤치호가 1896년에 창간한 우리나라 최초의 민간 신문으로, 주시경이 한글판을 만드는 데 참여하였다.

내용 이해

02 주시경에 대한 설명으로 알맞지 <u>않은</u> 것은 무엇인가요? [   ]

① 주보따리 선생이라고 불렸다.
② 배재 학당에서 서재필을 가르쳤다.
③ 여러 학교에서 국어 강의를 하였다.
④ 서울의 서당에서 한문을 공부하였다.
⑤ 독립신문의 한글판을 만드는 데 참여하였다.

어휘 확인

03 다음 낱말의 뜻을 찾아 선으로 이으세요.

1 강연 •

2 교정 •

3 서당 •

• ㄱ 예전에, 한문을 사사로이 가르치던 곳

• ㄴ 일정한 주제에 대하여 청중 앞에서 강의 형식으로 말함.

• ㄷ 교정지와 원고를 대조하여 잘못된 글자나 틀린 글자의 인쇄 등을 바르게 고침.

중심 내용 찾기

04 다음 빈칸을 채워 이 글의 내용을 정리해 보세요.

> 주시경은 한문 대신 소리 나는 대로 적을 수 있는 ☐☐에 관심을 가졌다. 그는 배재 학당에서 만난 ☐☐☐의 권유로 독립신문을 만드는 데 참여하였고, 사람들에게 우리글을 가르쳤다.

주시경

글을 읽으면서 중요하다고 생각하는 낱말에 색칠해 보세요.

❷ 우리글을 한글이라고 부르다

주시경은 한문으로 된 『월남망국사』라는 책을 한글로 ^❻번역하여 펴냈어요. 이 책은 베트남(월남)이 식민지가 되는 상황을 다룬 책인데요. 베트남의 ^❼망국 과정을 거울로 삼아 일본의 국권 ^❽침탈을 경계하려는 목적으로 번역한 것이지요. 이러한 노력에도 불구하고 1910년 우리나라는 일제의 ^❾식민지가 되었어요. 이후 주시경은 우리글과 말을 지키기 위해 더 많은 노력을 하였답니다. 나라의 바탕을 보존하려면 우리말과 글을 잘 지켜야 한다고 생각하였기 때문이에요.

우리나라를 식민지로 삼은 일제가 우리글을 국어라고 부르지 못하게 하자, 주시경은 우리글에 '한글'이라는 이름을 붙였어요. 한글에는 '크고 바른 글'이라는 의미가 담겨 있어요. 주시경은 자신의 호도 '크고 하얀 샘'이라는 뜻을 담아 '한힌샘'이라는 순 한글로 바꾸었어요. 또한 주시경은 한글 ^❿문법을 체계적으로 정리한 『국어문법』이라는 책을 썼고, 우리나라 최초의 국어사전으로 볼 수 있는 『말모이』를 펴냈어요. 한글의 문법 및 특징에 관한 책인 『말의 소리』도 썼지요.

이렇게 주시경은 한글을 사랑하고 열심히 연구하였어요. 하지만 국내에서 한글을 연구하고 지키는 길은 쉽지 않았지요. 그래서 그는 해외로 망명하기로 결심하였는데, 그 뜻을 이루지 못한 채 젊은 나이에 죽고 말았답니다.

---

❻ **번역:** 어떤 언어로 된 글을 다른 언어의 글로 옮김.

❼ **망국:** 이미 망하여 없어진 나라. 혹은 나라를 망침.

❽ **침탈:** 침범하여 빼앗음.

❾ **식민지:** 정치적 · 경제적으로 다른 나라에 예속되어 국가로서의 주권을 상실한 나라

❿ **문법:** 말의 구성 및 말을 사용하는 규칙. 또는 그것을 연구하는 학문

05 다음 빈칸에 공통으로 들어갈 낱말을 이 글에서 찾아 쓰세요.

> 주시경은 일제가 국어라는 말을 쓰지 못하게 하자 우리글에 (   )이라는 이름
> 을 붙였다. 자신의 호도 '한힌샘'이라는 순 (   )로 바꾸었다.

내용 이해
06 이 글의 내용과 일치하지 <u>않는</u> 것은 무엇인가요? [   ]

① 우리나라는 일제의 식민지가 되었다.
② 주시경은 해외로 망명하기로 결심하였다.
③ 주시경은 『월남망국사』를 한문으로 번역하였다.
④ 『국어문법』은 한글 문법을 체계적으로 정리한 책이다.
⑤ 『말모이』는 우리나라 최초의 국어사전으로 볼 수 있다.

어휘 확인
07 다음 문장의 빈칸에 들어갈 낱말을 보기에서 찾아 쓰세요.

> **보기**
> 문법   번역   침탈

❶ 수업 시간에 국어 (   )을 배웠다.
❷ 이 책은 10여 개의 언어로 (   )되었다.
❸ 일제 강점기에 우리나라는 일제의 경제적 (   )에 대항하였다.

내용 추론
08 이 글을 읽고 주시경에 대해 바르게 말한 어린이는 누구인지 쓰세요.

> 다인   베트남의 망국사를 책으로 쓴 주시경이 참 대단해.
> 래현   주시경은 우리글의 가치를 일찍부터 알고 연구하였어.
> 은진   주시경은 젊은 나이에 죽어서 한글 연구에 도움이 되지 못하였어.

|시대| 조선 시대~일제 강점기

신채호

글을 읽으면서 중요하다고 생각하는 낱말에 색칠해 보세요.

❶ 민족 운동에 관심을 가지다

신채호는 1880년 충청도에서 태어나, 가난한 집안에서 할아버지의 보살핌을 받으며 자랐어요. 신채호는 열심히 공부하여 1898년 조선 최고의 교육 기관인 ^❶성균관에 입학하였어요. 그리고 독립 협회에 가입하여 만민 공동회에 참여하였지요. 이 과정에서 신채호는 개화사상을 접할 수 있었어요.

1905년 신채호는 성균관 박사가 되었어요. 하지만 나라가 어려운 상황에서 나라를 구하는 일이 먼저라고 생각하여 관직에 나아갈 뜻을 버렸어요. 신채호는 황성신문 사장의 ^❷초청으로 황성신문의 기자가 되어 일본의 침략으로부터 나라를 지켜야 한다거나, 백성들은 배워서 알아야 한다는 내용의 글을 썼어요. 이러한 글은 당시 사람들에게 많은 희망을 주었답니다.

한편, ㉠ 신채호는 역사적 영웅들의 이야기를 쓰는 데도 힘을 기울였어요. 그는 고구려의 을지문덕과 같은 ^❸영웅이 나타나기를 바라는 마음으로 『을지문덕전』을 ^❹저술하고, 조선의 이순신, 고구려의 광개토 대왕 등 우리나라 역사 영웅들의 ^❺일대기를 썼어요. 이를 통해 사람들에게 힘과 용기를 주고자 하였답니다.

을지문덕과 같은 영웅이 나와야 해.

---

❶ **성균관**: 조선 시대에 유학의 교육을 맡아보던 관아
❷ **초청**: 사람을 청하여 부름.
❸ **영웅**: 지혜와 재능이 뛰어나고 용맹하여 보통 사람이 하기 어려운 일을 해내는 사람
❹ **저술**: 글이나 책 따위를 씀. 또는 그 글이나 책
❺ **일대기**: 어느 한 사람의 일생에 관한 내용을 적은 기록

01 다음에서 설명하는 기관을 이 글에서 찾아 쓰세요.

조선 최고의 교육 기관으로 유학의 교육을 맡아보던 관아이다.

✎ _____

02 신채호에 대한 설명으로 알맞지 <u>않은</u> 것은 무엇인가요? [✎   ]

① 관직에 나아갔다.
② 성균관에 입학하였다.
③ 황성신문에 글을 썼다.
④ 독립 협회에 가입하였다.
⑤ 『을지문덕전』을 저술하였다.

03 다음 낱말의 뜻을 찾아 선으로 이으세요.

1 저술	•	•	ㄱ 사람을 청하여 부름.
2 초청	•	•	ㄴ 글이나 책 따위를 씀. 또는 그 글이나 책
3 일대기	•	•	ㄷ 어느 한 사람의 일생에 관한 내용을 적은 기록

04 이 글을 바탕으로 ㉠의 이유를 추측하여 쓰세요.

✎ _____
_____

신채호

글을 읽으면서 중요하다고 생각하는 낱말에 색칠해 보세요.

② 사람들의 애국심을 일깨우다

1905년 대한 제국의 외교권을 빼앗은 일본은 우리나라를 지배하려는 일을 [6]정당화하려고 하였어요. 그래서 일본 학자들에게 우리나라의 역사를 [7]왜곡하여 쓰게 하였어요. 신채호는 사람들이 우리의 역사를 올바르게 알아야 애국심을 가질 수 있다고 생각하였어요. 그래서 역사를 읽는 방법을 제시한 「독사신론」을 대한매일신보에 [8]연재하였어요. 신채호는 「독사신론」에서 역사 교육의 중요성을 강조하였고, 사람들이 잘못 알고 있던 역사를 바로잡아 주었답니다.

신채호는 독립운동에 대한 탄압이 심해지자, 중국으로 [9]망명을 떠나 독립운동을 전개하였어요. 1922년에는 김원봉의 부탁으로 「조선혁명선언」을 작성하였어요. 이는 의열단이 독립운동의 기준으로 삼은 선언문으로, 단원들의 독립운동에 힘을 북돋워 주었지요. 그리고 1924년에는 틈틈이 우리 역사를 연구한 내용을 정리하여 『조선사』를 펴내기도 하였어요.

신채호는 꾸준히 독립운동을 하다가 일본 경찰에 붙잡혀 감옥에 갇히고 말았어요. 그러자 그의 동지들이 신채호가 쓴 글을 묶어서 『조선사연구초』로 출판하였는데, 이는 많은 사람의 애국심을 [10]고취해 주었답니다.

---

[6] **정당화**: 정당성이 없거나 정당성에 의문이 있는 것을 무엇으로 둘러대어 정당한 것으로 만듦.

[7] **왜곡**: 사실과 다르게 해석하거나 그릇되게 함.

[8] **연재**: 신문이나 잡지 등에 긴 글이나 만화 등을 여러 차례로 나누어서 계속하여 실음.

[9] **망명**: 여러 이유로 자기 나라에서 박해를 받는 사람이 이를 피하기 위하여 외국으로 몸을 옮김.

[10] **고취**: 의견이나 사상 따위를 열렬히 주장하여 불어넣음.

중심 낱말 찾기

05 다음에서 설명하는 글은 무엇인지 이 글에서 찾아 쓰세요.

> 1922년 신채호가 김원봉의 부탁을 받아 쓴 것으로, 의열단이 독립운동 기준으로 삼은 선언문이다.

내용 이해

06 다음 중 신채호의 저술로 알맞지 <u>않은</u> 것은 무엇인가요? [✎]

① 『조선사』
② 『국어문법』
③ 「독사신론」
④ 『조선사연구초』
⑤ 「조선혁명선언」

어휘 확인

07 다음 문장의 빈칸에 들어갈 낱말을 보기 에서 찾아 쓰세요.

> **보기**
>
> 연재   왜곡   정당화

1 폭력은 어떤 이유로도 (   )될 수 없다.

2 그는 사실을 (   )한 신문 기사의 내용을 바로잡았다.

3 잡지에 1년 동안 실렸던 만화가 갑자기 (   )을/를 중단하였다.

중심 내용 찾기

08 다음 빈칸을 채워 이 글의 내용을 정리해 보세요.

> 신채호는 역사를 읽는 방법을 제시한 □□□□□을 써서 사람들이 우리 역사를 올바르게 알도록 하였다. 또한 □□□의 선언문인 「조선혁명선언」을 작성하였으며, 『조선사』, 『조선사연구초』 등의 책을 남겨 사람들의 애국심을 고취시켜 주었다.

|시대| 조선 시대~일제 강점기

윤희순

글을 읽으면서 중요하다고 생각하는 낱말에 색칠해 보세요.

❶ 「안사람 의병가」를 짓다

아무리 ❶왜놈들이 강성한들 / 우리들도 뭉치면 왜놈 잡기 쉬울 새라. / 아무리 여자인들 나라 사랑 모를소냐. / 아무리 남녀가 ❷유별한들 나라 없이 소용 있나. / 우리도 나가 의병 하러 나가 보세. / 의병대를 도와주세 …….

이 노래는 윤희순이 지은 「❸안사람 의병가」의 일부예요. 윤희순은 여성의 의병 참여를 ❹북돋워 주는 노래들을 많이 만들었어요.

1895년 조선의 왕비인 명성 황후가 죽임을 당하는 을미사변이 일어나자 이에 반발하여 곳곳에서 의병이 일어났지요. 윤희순이 사는 춘천에서도 의병들이 활동하였는데, 그의 시아버지인 유홍석도 의병에 참여하였어요. 여성의 몸이지만 윤희순도 가만히 보고만 있지는 않았어요. 윤희순은 다른 지역에서 온 의병에게 식사를 마련해 주었어요. 그리고 마을의 ❺부녀자들을 모아 나라를 구하는 데에 남녀가 따로 없다며 의병을 돕자는 연설을 하였어요. 이때 윤희순은 「안사람 의병가」를 지어 부녀자들이 함께 부르게 하였어요. 이 노래가 마을 안팎으로 퍼져 나가면서 마을의 부녀자들로만 이루어진 '안사람 의병대'가 조직되기도 하였답니다.

❶ **왜놈:** 일본 사람, 특히 일본 남자를 낮잡아 이르는 말
❷ **유별:** 다름이 있음.
❸ **안사람:** '아내'를 예사롭게 또는 낮추어 이르는 말
❹ **북돋우다:** 기운이나 정신 따위를 더욱 높여 주다.
❺ **부녀자:** 결혼한 여자와 성숙한 여자를 통틀어 이르는 말

중심 낱말 찾기

01 다음 빈칸에 공통으로 들어갈 낱말을 이 글에서 찾아 쓰세요.

1895년 을미사변에 반발하여 곳곳에서 (   )이 일어났는데, 윤희순이 사는 곳에서도 (   )이 활동하였다. 이를 가만히 보고만 있지 않았던 윤희순은 마을의 부녀자들을 모아 (   )을 돕자는 연설을 하였다.

내용 이해

02 이 글의 내용과 일치하면 ○, 일치하지 않으면 ✕에 표시하세요.

1 윤희순은 의병 활동에 반대하였다. [○ / ✕]

2 윤희순은 「안사람 의병가」라는 노래를 지었다. [○ / ✕]

3 을미사변 이후 부녀자들로 이루어진 안사람 의병대가 조직되었다. [○ / ✕]

어휘 확인

03 다음 뜻을 나타내는 낱말을 쓰세요.

1 다름이 있음. ☐☐

2 '아내'를 예사롭게 또는 낮추어 이르는 말 ☐☐☐

3 결혼한 여자와 성숙한 여자를 통틀어 이르는 말 ☐☐☐

중심 내용 찾기

04 다음 빈칸을 채워 이 글의 내용을 정리해 보세요.

1895년 을미사변이 일어나자 이에 반발하여 윤희순의 시아버지인 유홍석은 의병에 참여하였고, 윤희순도 ☐☐ ☐☐☐라는 노래를 지어 ☐☐의 의병 참여를 북돋웠다.

윤희순

글을 읽으면서 중요하다고 생각하는 낱말에 색칠해 보세요.

② 여성으로서 앞장선 의병 활동

일제는 1905년 을사늑약을 강요하여 우리나라의 외교권을 빼앗았어요. 2년 뒤에는 고종을 ^⑥폐위시키고 대한 제국의 군대까지 해산시켰어요. 그러자 해산된 군인까지 ^⑦참여하여 의병이 일어났어요. 윤희순은 여자 의병을 ^⑧모집하였고, 남자와 같은 차림을 하여 시아버지인 유홍석과 함께 의병 활동을 하였어요.

1910년 일본에 국권을 빼앗긴 후 윤희순의 가족은 중국으로 갔어요. 중국 만주에서 윤희순의 시아버지와 남편은 의병을 모아 조직하였고, 윤희순은 여성들과 함께 식량을 마련하였어요. 밤에는 몰래 군사 훈련도 하였고요.

그러던 중 윤희순의 시아버지가 죽고, 남편도 일본 경찰에게 잡혀 고문을 받다가 죽고 말았어요. 홀로 남은 윤희순은 ^⑨시련을 극복하고 독립운동가를 양성하는 데 힘을 쏟았어요. 그녀는 독립군 부대를 도울 뿐 아니라 부녀자들을 모아 훈련하며 일본군 부대를 공격하기도 하였답니다.

1935년 윤희순의 아들도 독립운동을 하다가 일본 경찰에게 잡혀 모진 고문을 받고 세상을 떠났어요. 얼마 후 윤희순도 ^⑩일생을 마치게 되었지요. 윤희순은 죽음을 앞두고 『일생록』을 남겨, 3대가 나라의 독립을 위해 애쓴 정신을 자손에게 전하고자 하였답니다.

---

⑥ **폐위**: 왕이나 왕비 등의 자리에서 물러나게 함.

⑦ **참여**: 어떤 일에 끼어들어 관계함.

⑧ **모집**: 사람이나 작품, 물품 등을 일정한 조건 아래 널리 알려 뽑아 모음.

⑨ **시련**: 겪기 어려운 단련이나 고비

⑩ **일생**: 세상에 태어나서 죽을 때까지의 동안

중심 낱말 찾기

05 다음 빈칸에 들어갈 인물을 이 글에서 찾아 쓰세요.

> 일제가 1907년 (   )을 폐위시키고 대한 제국의 군대까지 해산시키자, 의병이
> 일어났다.

내용 이해

06 윤희순이 『일생록』을 쓴 까닭으로 알맞은 것은 무엇인가요? [   ]

① 여자 의병을 모집하기 위해서

② 중국으로 망명을 가기 위해서

③ 만주에서 의병을 모으고 조직하기 위해서

④ 폐위된 고종을 다시 왕위에 오르게 하기 위해서

⑤ 3대가 독립을 위해 애쓴 정신을 자손에게 전하기 위해서

어휘 확인

07 다음 문장의 빈칸에 들어갈 낱말을 **보기**에서 찾아 쓰세요.

> **보기**
>
> 모집   참여   폐위

❶ 홍보가 부족하여 사람들의 (   )이/가 매우 적었다.

❷ 회사는 사내 게시판에 직원을 (   )한다는 공고를 냈다.

❸ 소수의 신하들이 비밀리에 왕의 (   )을/를 꾸미고 있었다.

내용 추론

08 이 글을 읽고 윤희순에 대해 <u>잘못</u> 추론한 어린이는 누구인지 쓰세요.

나래	나라를 구하는 길에는 여러 가지 방법이 있다고 생각하였을 거야.
민규	여성이기 때문에 의병 활동에는 참여할 수 없다고 생각하였을 거야.
정민	나라를 구하는 데에는 남녀의 구별이 있을 수 없다고 생각하였을 거야.

11

|시대| 조선 시대~일제 강점기

유관순

글을 읽으면서 중요하다고 생각하는 낱말에 색칠해 보세요.

❶ 3·1 운동에서 독립을 외치다

유관순은 1902년 충청남도 목천군에서 부모님의 둘째 딸로 태어났어요. 아버지는 학교를 세워 인재를 양성하고자 노력하였고, 어머니도 새로운 교육에 ❶관심이 많았답니다.

유관순은 교육에 적극적이었던 부모님 덕에 여성임에도 제대로 된 교육을 받을 수 있었어요. 그녀는 15살 때 선교사의 추천을 받아 이화 학당에 ❷입학하였고, 이곳에서 신학문을 배워 나갔어요.

당시에 우리나라의 국권을 빼앗은 일제는 ❸무자비한 통치를 이어 오고 있었어요. 그러던 중 1919년 1월 고종이 ❹서거하였어요. 학교는 휴교에 들어갔고, 학생들은 만세를 부르기로 ❺결의하였지요. 고종의 장례식 이틀 전인 1919년 3월 1일, 민족 대표들이 독립 선언문을 발표하였고, 탑골 공원에서는 독립 선언식이 이루어졌어요. 그리고 사람들은 태극기를 꺼내 대한 독립 만세를 외쳤답니다. 이때 유관순도 친구들과 ❻결사대를 만들고 3·1 운동에 참여하였어요.

대한 독립 만세!

---

❶ **관심**: 어떤 것에 마음이 끌려 주의를 기울임. 또는 그런 마음이나 주의

❷ **입학**: 학생이 되어 공부하기 위해 학교에 들어감. 또는 학교를 들어감.

❸ **무자비**: 인정이 없이 냉혹하고 모짊.

❹ **서거**: 죽어서 세상을 떠남.

❺ **결의**: 뜻을 정하여 굳게 마음을 먹음. 또는 그런 마음

❻ **결사대**: 죽기를 각오하고 있는 힘을 다할 것을 결심한 사람으로 이루어진 부대나 무리

글을 이해해요

정답 106쪽

중심 낱말 찾기

01 다음에서 설명하는 운동을 이 글에서 찾아 쓰세요.

> 1919년 3월 1일, 민족 대표들이 독립 선언문을 발표하고 탑골 공원에서 독립 선언식이 이루어지면서 시작된 독립운동이다. 유관순도 친구들과 결사대를 만들어 참여하였다.

✎ _____

내용 이해

02 유관순에 대한 설명으로 알맞지 <u>않은</u> 것은 무엇인가요? [✎]

① 충청남도에서 태어났다.

② 이화 학당에서 공부하였다.

③ 서울에서 친구들과 결사대를 만들었다.

④ 부모님이 교육을 중요하게 생각하지 않았다.

⑤ 고종의 장례식 이틀 전에 시작된 만세 운동에 참여하였다.

어휘 확인

03 다음 문장의 빈칸에 들어갈 낱말을 **보기**에서 찾아 쓰세요.

> **보기**
>
> 결의   서거   입학

❶ 대학교에 (   )하기 위해 시험을 보았다.

❷ 할머니의 (   ) 소식에 눈물이 왈카닥 쏟아졌다.

❸ 나는 시험에 꼭 합격하겠다는 (   )을/를 굳게 다졌다.

중심 내용 찾기

04 다음 빈칸을 채워 이 글의 내용을 정리해 보세요.

> 유관순은 15살 때 ☐☐☐☐에 입학하여 공부하였고, 고종의 장례식 이틀 전인 1919년 ☐월 ☐일에 대한 독립 만세를 외치는 만세 운동에 참여하였다.

유관순

글을 읽으면서 중요하다고 생각하는 낱말에 색칠해 보세요.

❷ 아우내 장터에서 벌인 만세 운동

1919년 3월 1일에 전개된 만세 운동 이후에도 학생들이 만세 시위에 참여하려고 하자 이화 학당은 문을 닫아버렸어요. 학교가 휴교하자 유관순은 ^❼고향으로 내려가 그곳에서 사람들과 만세 시위를 준비하였어요.

1919년 4월 1일 천안의 병천 아우내 ^❽장터에 장이 서는 날, 각지의 장사꾼들이 북적이자 장사꾼을 가장하여 남녀 모두가 흰옷을 입고 대한 독립 만세를 외쳤어요. 시위 ^❾행렬은 오직 대한 독립 만세만을 크게 외칠 뿐 조금도 흐트러지지 않고 평화 시위를 이어 갔어요. 하지만 일본 헌병은 평화 시위를 무자비하게 공격하여 많은 사람이 죽거나 다치게 하였어요. 이때 유관순의 부모님도 죽임을 당하였고, 유관순은 일본 헌병에게 체포되고 말았답니다.

유관순은 재판을 받고 1년 6개월 동안 서대문 형무소에 갇히게 되었어요. 하지만 그녀는 좌절하지 않고 감옥에서도 만세를 불렀어요. 3·1 운동이 일어난 지 1주년이 되는 날에는 서대문 형무소 밖까지 들리도록 '대한 독립 만세'를 외쳤지요. 이 때문에 유관순은 지하 ^❿독방에 갇혀 심한 고문을 받았고, 그로 인해 병을 얻고 말았어요. 결국 유관순은 1920년 9월 감옥 안에서 꽃다운 나이에 생을 ^⓫마감하였답니다.

---

❼ **고향**: 자기가 태어나서 자란 곳
❽ **장터**: 장이 서는 터
❾ **행렬**: 여럿이 줄지어 감. 또는 그런 줄
❿ **독방**: 죄수 한 사람만을 가두는 감방
⓫ **마감**: 하던 일을 마물러서 끝냄. 또는 그런 때

정답 106쪽

05 다음 ㄱ, ㄴ에 들어갈 낱말을 이 글에서 찾아 각각 쓰세요.

1919년 4월 1일 천안의 병천 (ㄱ   ) 장터에서 사람들이 대한 독립 만세를 외치자, 일본 (ㄴ   )이 이들을 무자비하게 공격하였다.

🖉 ㄱ: ㄴ:

06 이 글의 내용과 일치하는 것은 무엇인가요? [🖉   ]

① 이화 학당은 만세 운동에 앞장섰다.

② 유관순은 중국에 있는 감옥에 갇혔다.

③ 일본 헌병은 시위하는 사람들을 보호하였다.

④ 유관순과 그녀의 부모님은 감옥에서 함께 만세를 외쳤다.

⑤ 아우내 장터에서 일어난 만세 시위 때 사람들은 평화 시위를 전개하였다.

07 다음 낱말의 뜻을 찾아 선으로 이으세요.

1 고향 •   • ㄱ 장이 서는 터

2 독방 •   • ㄴ 자기가 태어나서 자란 곳

3 장터 •   • ㄷ 죄수 한 사람만을 가두는 감방

08 이 글을 읽고 3·1 운동에 대해 바르게 말한 어린이는 누구인지 쓰세요.

수진	일본 헌병의 호응을 얻었을 거야.
예영	남녀노소 모두가 참여한 민족 운동이었을 거야.
정훈	일본으로부터 우리나라의 국권을 되찾는 결과를 가져왔을 거야.

🖉

12 남자현

|시대| 조선 시대~일제 강점기

글을 읽으면서 중요하다고 생각하는 낱말에 색칠해 보세요.

❶ 만주로 건너가다

남자현은 1872년 경상북도 안동에서 태어났어요. 그녀는 어려서부터 아버지에게 공부를 배운 덕에 일찍 한글과 한문을 깨치고, 유학 공부를 하였어요. 그리고 19세가 되던 해에 김영주와 결혼을 하였답니다. 그러던 중 1895년 일본이 조선의 왕비를 살해한 을미사변이 일어났어요. 이 사건에 분노한 ❶유생들을 중심으로 전국에서 을미의병이 일어났지요. 남자현의 남편도 의병을 일으켜 일본군과 싸우다가 죽고 말았어요. 이때 남자현의 나이는 25살이었고, 배 속에는 아이도 있었답니다.

남편이 죽은 후 남자현은 ❷시부모님을 정성껏 모셔 ❸효부상을 받기도 하였어요. 한편 남자현은 남편의 원수를 갚는 일이 아내의 ❹도리이며, 그 길이 곧 나라를 구하는 일이라고 믿고 독립운동에도 관심을 가졌어요.

남자현의 남편이 죽은 지 20여 년이 지난 1919년 3월 1일, 3·1 운동이 일어났어요. 그녀는 독립 ❺선언서를 나누어 주는 등 이 운동에 적극적으로 참여하였지요. 여기에 그치지 않고 남자현은 일본에 맞서 남편의 원수를 갚고 나라를 지키기 위해 압록강을 건너 만주로 갔답니다. 그녀의 나이 48세 때의 일이었어요.

朝鮮獨立願 남자현 선생의 혈서

조선의 독립을 원한다

❶ **유생**: 유학을 공부하는 선비
❷ **시부모**: 시아버지와 시어머니를 아울러 이르는 말
❸ **효부상**: 시부모를 잘 섬기는 며느리를 기리어 주는 상
❹ **도리**: 사람이 어떤 입장에서 마땅히 행하여야 할 바른길
❺ **선언서**: 어떤 일을 선언하는 내용을 적은 글이나 문서

중심 낱말 찾기

01 다음에서 설명하는 의병을 이 글에서 찾아 쓰세요.

을미사변에 분노한 유생들을 중심으로 전국에서 일어난 의병이다.

✎ _____

내용 이해

02 남자현에 대한 설명으로 알맞지 <u>않은</u> 것은 무엇인가요? [✎   ]

① 남편이 의병을 일으켰다.

② 48세의 나이에 미국으로 건너갔다.

③ 3·1 운동 때 독립 선언서를 나누어 주었다.

④ 시부모님을 정성껏 모셔서 효부상을 받았다.

⑤ 남편의 원수를 갚는 것이 나라를 구하는 일이라고 믿었다.

어휘 확인

03 다음 낱말의 뜻을 찾아 선으로 이으세요.

1 도리 •

• ㄱ 유학을 공부하는 선비

2 유생 •

• ㄴ 어떤 일을 선언하는 내용을 적은 글이나 문서

3 선언서 •

• ㄷ 사람이 어떤 입장에서 마땅히 행하여야 할 바른길

중심 내용 찾기

04 다음 빈칸을 채워 이 글의 내용을 정리해 보세요.

남자현은 일본에 맞서 의병 활동을 하다 죽은 남편의 원수를 갚는 일이 아내의 도리이자

☐☐ 를 구하는 일이라고 믿었다. 그녀는 3·1 운동 때 ☐☐ 선언서를 나누

어 주었고, 나라를 지키기 위해 48세의 나이에 ☐☐ 로 갔다.

남자현

글을 읽으면서 중요하다고 생각하는 낱말에 색칠해 보세요.

② 독립군의 어머니로 불리다

남자현이 건너간 만주에서는 3·1 운동 이후 여러 독립군 단체가 만들어졌어요. 남자현은 서로 군정서라는 독립군 부대에 ^⑥가입하여 유일한 여성 대원으로 활동하였어요. 남자현은 다친 독립군들을 치료해 주고, 일본군에게 쫓기는 독립군을 숨겨 주었어요. 그런 그녀를 사람들은 '독립군의 어머니'라고 불렀지요.

남자현은 독립군 단체들의 통합 운동에도 힘을 기울였어요. 1923년 만주의 독립운동 세력이 서로 생각이 달라 갈등을 빚자 두 차례나 자신의 손가락을 잘라 그 피로 ^⑦단결을 호소하였지요. 1925년에는 조선 총독을 암살하기 위해 국내에 들어왔으나 ^⑧미수에 그치고 다시 만주로 돌아갔어요. 1932년에는 외국 조사단에게 조선의 독립을 호소하기 위해 ^⑨혈서를 보내기도 하였답니다.

독립을 위해 끊임없이 애쓰던 남자현은 만주국의 일본 대사를 없앨 계획을 세우다가 일본 경찰에 ^⑩체포되고 말았어요. 그녀는 감옥에서 단식으로 일제에 저항하다가 목숨이 위태로워지자 풀려났어요. 그리고 얼마 안 되어 62세의 나이에 숨을 거두었지요. 남자현은 자신의 돈을 조선이 독립하는 날 독립 축하금으로 바치라는 유언을 남길 정도로 죽는 날까지 우리나라의 독립을 간절하게 바랐답니다.

---

⑥ **가입**: 조직이나 단체 등에 들어감.
⑦ **단결**: 많은 사람이 마음과 힘을 한데 뭉침.
⑧ **미수**: 목적한 바를 시도하였으나 이루지 못함.
⑨ **혈서**: 제 몸의 피를 내어 자기의 결심, 맹세 따위를 글로 씀. 또는 그 글
⑩ **체포**: 형법에서, 사람의 신체에 대하여 직접적이고 현실적인 구속을 가하여 행동의 자유를 빼앗는 일

05 다음 빈칸에 들어갈 부대를 이 글에서 찾아 쓰세요.

> 만주에 간 남자현은 (   )라는 독립군 부대에 가입하여 유일한 여성 대원으로
> 활동하였다.

내용 이해

06 이 글을 읽고 알 수 있는 내용으로 알맞지 <u>않은</u> 것은 무엇인가요?

① 남자현이 숨을 거둔 나이

② 남자현이 가입한 독립군 부대

③ 남자현이 감옥에서 풀려난 까닭

④ 남자현이 1925년에 국내로 들어온 이유

⑤ 우리나라가 독립하였을 때 남자현이 한 말

어휘 확인

07 다음 문장의 빈칸에 들어갈 낱말을 보기에서 찾아 쓰세요.

> **보기**
>
> 가입   단결   체포

① 경찰이 범인을 현장에서 (   )하였다.

② 우리와 같이 활동을 하고 싶으면 동아리에 (   )해야 합니다.

③ 그들은 시련이 커질수록 더욱 (   )하여 어려움을 이겨 나갔다.

내용 추론

08 남자현이 다음과 같이 불린 이유를 이 글을 바탕으로 쓰세요.

> 남자현은 '세 손가락의 여장군'으로 불렸다.

|시대| 조선 시대~일제 강점기

13 홍범도

글을 읽으면서 중요하다고 생각하는 낱말에 색칠해 보세요.

❶ 산포수들의 우두머리가 되다

가 홍범도는 『홍범도 장군』이라는 책에 따르면 1868년 평안남도 평양에서 태어났어요. 그는 가난하고 ❶지체가 좋지 못한 집안에서 자라 남의 집에서 허드렛일을 하였어요. 그러다 평안도 ❷감영에서 군인을 모집한다는 소식을 듣고 15세에 군대에 들어가 4년간 군 생활을 하였지요. 하지만 군대의 기합이 세고 부패도 많아 견디다 못해 도망쳐 나왔어요. 이후 종이 공장에서 일하였지만 임금을 받지 못해 사장과 크게 다투고 공장을 그만두었어요. 그러고 나서 홍범도는 금강산에 있는 절에 들어가 중이 되었어요. 이처럼 어렵게 살아간 홍범도는 조선의 부조리와 민족의식을 몸소 깨닫기 시작하였어요.

나 1890년대 이후 홍범도는 군대에서 익힌 ❸총포술을 활용하여 함경북도 북청에서 ❹산포수, 즉 사냥꾼이 되었어요. 그는 총을 다루는 ❺솜씨가 뛰어났을 뿐 아니라 동료들 사이에서도 의리가 있고 정직하여 산포수들의 대장에 뽑혔지요. 이때 홍범도는

정부에서 무분별하게 세금을 거두려 하는 일을 막는 등 동료들의
이익을 위해 앞장서면서 지도력을 발휘하였답니다.

---

❶ **지체**: 어떤 집안이나 개인이 사회에서 차지하고 있는 신분이나 지위
❷ **감영**: 조선 시대에, 관찰사가 직무를 보던 관아
❸ **총포술**: 화약의 힘으로 그 속에 든 탄환을 나가게 하는 무기를 다루는 기술
❹ **산포수**: 산속에서 사냥하는 일을 직업으로 하는 사람
❺ **솜씨**: 손을 놀려 무엇을 만들거나 어떤 일을 하는 재주

중심 낱말 찾기

01 각 문단의 중심 낱말을 찾아 쓰세요.

가 문단: 조선의 [ ][ ][ ] 와 민족의식을 깨닫기 시작한 홍범도

나 문단: 함경도에서 [ ][ ][ ] 로 활동하며 지도력을 발휘한 홍범도

내용 이해

02 다음 내용은 이 글의 **가** , **나** 문단 중 어느 문단과 관련이 깊은지 쓰세요.

조선 정부는 그 당시 국가 재정을 확보하기 위해서 어디에서든지 세금을 받아 내려 하였다. 정부가 산포수들에게도 세금을 받자 산포수들의 대장인 홍범도는 관리들과 이야기하였고, 산포수들의 세금을 깎는 데에 성공할 수 있었다.

어휘 확인

03 다음 글에서 밑줄 친 낱말과 바꾸어 쓸 수 있는 낱말은 무엇인가요? [　　　]

친구의 말대로 그가 몰고 온 차는 비록 낡았지만, 그의 운전 솜씨 하나만은 기가 막힐 정도였다.

① 기술　　② 도구　　③ 생활　　④ 작용　　⑤ 투쟁

중심 내용 찾기

04 다음 빈칸을 채워 이 글의 내용을 정리해 보세요.

[ ][ ][ ] 는 남의 집 허드렛일, 군 생활, 종이 공장 노동 등을 하면서 조선의 부

조리와 민족의식을 깨달았다. 그는 1890년대 이후 산포수들의 대장이 되어 동료들의 이

익을 위해 앞장서며 [ ][ ][ ] 을 발휘하였다.

홍범도

글을 읽으면서 중요하다고 생각하는 낱말에 색칠해 보세요.

② 일본군에 승리를 거두다

일제는 의병 활동을 탄압하기 위해 조선인은 총과 화약을 가지지 못하게 하는 법을 [6]발표하였어요. 이 법으로 [7]생계에 위협을 받게 된 산포수들은 의병 활동에 나섰지요. 홍범도도 산포수들이 중심이 된 의병 부대를 이끌었어요. 그러다가 본격적인 독립운동을 위해 고국을 떠나 만주로 갔어요.

1919년에 일어난 3·1 운동 이후에는 만주에서 독립군의 활동이 활발해졌어요. 홍범도는 대한 독립군이라는 부대를 만들고 부대의 대장을 맡았어요. 대한 독립군이 만주의 여러 작은 전투에서 승리하자, 일본군은 홍범도 부대가 머물던 봉오동 지역을 공격하였어요. 홍범도 부대는 독립군 부대들과 [8]연합하여 봉오동 주변 [9]야산에 숨어 있다가 일본군을 [10]기습 공격하여 큰 승리를 거두었어요. 이것이 봉오동 전투예요.

봉오동 전투에서 크게 패한 일본은 대규모의 군대를 다시 보냈어요. 하지만 홍범도는 독립군들과 연합 부대를 편성하여 일본군에 맞섰어요. 여기에서도 독립군이 크게 승리하였는데, 이를 청산리 대첩이라고 불러요. 이렇게 홍범도는 1920년에 일어난 두 차례의 전투에서 크게 활약하며 일본군에 승리를 거두었답니다.

---

[6] **발표**: 어떤 사실이나 결과, 작품 등을 세상에 널리 드러내어 알림.

[7] **생계**: 살림을 살아 나갈 방도. 또는 현재 살림을 살아가고 있는 형편

[8] **연합**: 두 가지 이상의 사물이 서로 합동하여 하나의 조직체를 만듦.

[9] **야산**: 들 가까이의 나지막한 산

[10] **기습**: 적이 생각지 않았던 때에, 갑자기 들이쳐 공격함. 또는 그런 공격

05 다음에서 설명하는 부대를 이 글에서 찾아 쓰세요.

> 홍범도가 대장을 맡은 부대로, 만주의 여러 작은 전투에서 승리하였고 봉오동 전투에도 참여하였다.

06 이 글에 나타난 홍범도의 활동을 보기 에서 모두 골라 기호를 쓰세요.

> **보기**
> ㉠ 청산리 대첩에 참가하였다.
> ㉡ 헤이그에 특사로 파견되었다.
> ㉢ 봉오동 전투를 승리로 이끌었다.
> ㉣ 국내에서 3·1 운동에 참여하였다.

07 다음 뜻을 나타내는 낱말을 쓰세요.

1 어떤 사실이나 결과, 작품 등을 세상에 널리 드러내어 알림. ☐ ☐

2 두 가지 이상의 사물이 서로 합동하여 하나의 조직체를 만듦. ☐ ☐

3 적이 생각지 않았던 때에, 갑자기 들이쳐 공격함. 또는 그런 공격 ☐ ☐

08 이 글을 읽고 다음 사건이 일어난 까닭을 추론하여 쓰세요.

> 일본은 한국 독립군의 기반을 무너뜨리기 위해 만주의 간도 지역에 사는 한국인들의 마을을 불태우고 사람들을 잔인하게 죽였는데, 이를 간도 참변이라고 한다. 간도 참변은 1920년 10월부터 1921년 4월까지 이루어졌다.

14

| 시대 | 조선 시대~일제 강점기

김좌진

글을 읽으면서 중요하다고 생각하는 낱말에 색칠해 보세요.

❶ 나라를 구하기 위한 활동

가 김좌진은 1889년 충청남도 홍성군에서 태어났어요. 그의 집안은 많은 재산과 ^❶노비를 가진 부자였지요. 김좌진은 어렸을 때 활쏘기, 말타기, 병정놀이 등을 즐겼어요. 병정놀이에서는 대장을 ^❷도맡아 하면서 대장기에 '억강부약'이라는 말을 썼어요. 이는 '강한 것을 누르고 약한 것은 돕는다.'라는 뜻을 가진 말로, 어린 시절 그의 생각을 엿볼 수 있지요.

나 1895년 홍성군에서는 을미사변에 반발하여 의병이 일어났는데, 김좌진은 당시 의병장이었던 김복한에게 가르침을 얻고 ^❸항일 의식을 ^❹다져 나갔어요. 한편으로 지식인 김석범과 교류하며 계몽 의식도 형성하였지요. 이를 통해 나라를 구하고자 하는 마음을 키워 갔답니다.

다 김좌진은 여러 가지 ^❺구국 활동을 하였어요. 그는 자신의 집에 있던 노비들을 해방시키고, 자신의 토지를 노비들에게 나누어 주었어요. 이어 김좌진은 나라를 다시 일으키려면 교육을 통해 실력을 키워야 한다고 생각하여 교육 운동을 벌였어요. 그 일환으로 1907년 호명 학교를 설립하였고, 1909년에는 기호 흥학회에 가입하여 활동하였답니다.

❶ **노비:** 사내종과 계집종을 아울러 이르는 말
❷ **도맡다:** 혼자서 책임을 지고 몰아서 모든 것을 돌보거나 해내다.
❸ **항일:** 일본 제국주의에 맞서 싸움.
❹ **다지다:** 마음이나 뜻을 굳게 가다듬다.
❺ **구국:** 위태로운 나라를 구함.

정답 109쪽

중심 낱말 찾기
01 각 문단의 중심 낱말을 찾아 쓰세요.

가 문단: ☐☐ 사람을 도와야 한다고 생각한 김좌진

나 문단: 항일 의식과 ☐☐ 의식을 키워 가는 김좌진

다 문단: 집안의 ☐☐ 들을 해방시킨 후 교육 운동을 한 김좌진

내용 이해
02 다음 내용은 이 글의 **가** ~ **다** 문단 중 어느 문단과 관련이 깊은지 쓰세요.

> 김좌진은 노비를 해방시킨 후에 홍성의 호명 학교 설립에 참여하였다. 그는 나라의 권리를 되찾기 위해 가장 급한 문제는 홍성 지역의 청년들에게 신교육을 시키는 것이라고 생각하고 이를 실천에 옮겼다.

어휘 확인
03 다음 낱말의 뜻을 찾아 선으로 이으세요.

1 다지다 •

2 도맡다 •

• ㉠ 마음이나 뜻을 굳게 가다듬다.

• ㉡ 혼자서 책임을 지고 몰아서 모든 것을 돌보거나 해내다.

내용 추론
04 이 글을 읽고 더 알고 싶은 내용을 알맞게 말한 어린이는 누구인지 쓰세요.

경진	김좌진이 호명 학교를 세운 이유가 궁금해.
철우	김좌진이 의병 활동에 반발한 이유를 알고 싶어.
형기	김좌진이 기호 흥학회에서 어떤 활동을 하였는지 궁금해.

김좌진

글을 읽으면서 중요하다고 생각하는 낱말에 색칠해 보세요.

② 청산리에서 크게 승리하다

1910년 우리나라가 일본에 국권을 빼앗기자 김좌진은 만주에서 독립운동을 할 계획을 세웠어요. 해외에서 독립운동을 하려면 많은 돈이 필요하였기 때문에 김좌진은 부자들을 찾아다니며 [6]자금을 모았지요. 그러던 중 김좌진은 일본 경찰에 체포되어 감옥살이를 하였어요.

감옥에서 나온 김좌진은 일본의 [7]감시를 피해 만주로 갔어요. 이곳에서 그는 북로 군정서의 [8]총사령관을 맡았지요. 그는 수천 명 규모의 독립군을 모았고, 그들을 훈련시키는 데에 힘을 쏟았어요. 또한 다량의 무기를 사들여 독립군 부대의 힘을 키워 갔어요.

일제는 지난 봉오동 전투의 패배로 독립군 부대의 뿌리를 뽑고자 대규모 병력을 만주로 보냈어요. 이때 김좌진은 여러 독립군 대장들을 모아 함께 싸울 계획을 세웠고, 청산리 주변의 계곡을 [9]활용하고자 하였어요. 일본군이 청산리 골짜기에 들어섰을 때 기다리고 있던 독립군 연합 부대는 일본군을 공격하였어요. 일주일 동안 10여 차례의 전투가 벌어졌는데, 이 모든 전투에서 독립군 부대가 승리하였지요. 이 전투가 청산리 대첩이에요. 청산리 대첩은 우리나라 사람들에게 큰 [10]용기를 주었답니다.

일본군이 골짜기에 왔다. 모두 사격하라!

---

[6] **자금**: 사업을 경영하는 데에 쓰거나 특정한 목적에 쓰는 돈
[7] **감시**: 단속하기 위하여 주의 깊게 살핌.
[8] **총사령관**: 일정하게 큰 단위의 군대를 모두 지휘하는 사령관
[9] **활용**: 충분히 잘 이용함.
[10] **용기**: 씩씩하고 굳센 기운. 또는 사물을 겁내지 아니하는 기개

05 다음에서 설명하는 전투를 이 글에서 찾아 쓰세요.
중심 낱말 찾기

1920년 김좌진을 총사령관으로 한 북로 군정서 등 독립군 연합 부대가 만주 청산리에서 일본군에 승리한 전투이다.

06 김좌진의 활동과 일치하는 것을 보기에서 모두 골라 기호를 쓰세요.
내용 이해

보기
ㄱ 독립 협회를 조직하였다.
ㄴ 이토 히로부미를 저격하였다.
ㄷ 독립운동에 필요한 자금을 모았다.
ㄹ 북로 군정서라는 부대를 이끌었다.

07 다음은 청산리 대첩을 평가한 내용이에요. 빈칸에 들어갈 낱말로 알맞은 것은 무엇인가요? [   ]
어휘 확인

일본군의 수가 아주 많았음에도 지형을 (   )한 전략을 짜서 승리한 것이 대단하다.

① 감시　　② 대기　　③ 지출　　④ 해결　　⑤ 활용

08 이 글의 중심 내용으로 알맞은 것은 무엇인가요? [   ]
중심 내용 찾기

① 온건 개화파의 활동　　② 일제의 식민지 정책
③ 청산리 대첩의 승리　　④ 조선 후기의 사회 변화
⑤ 서양 국가와의 조약 체결

| 시대 | 대한 제국~일제 강점기

방정환

글을 읽으면서 중요하다고 생각하는 낱말에 색칠해 보세요.

❶ 어린이를 위한 운동을 시작하다

가 1924년에 발표된 「신여성」이라는 잡지에 "아무 꾀도 갖지 않는다. 아무 ❶획책도 모른다. …… 시퍼런 칼을 들고 ❷협박하여도 맞아서 아프기까지는 방글방글 웃으며 대하는 이가, 이 넓은 세상에 오직 이 이가 있을 뿐이다."라는 글이 있어요. 이 글에서 대상으로 하는 사람은 누구일까요? 바로 '어린이'예요. 이 글을 쓴 사람은 평생 어린이를 위해 많은 일을 한 방정환이에요.

나 방정환은 1899년 서울 종로구의 ❸풍족한 집안에서 태어났어요. 그는 어린 시절 친구들에게 이야기를 잘 들려주었는데, 이 모습을 본 이웃 어른이 방정환에게 ❹환등기를 선물로 주었어요. 방정환은 환등기를 이용해서 사람들에게 재미있는 이야기를 들려주어 이야기꾼으로 소문이 났어요.

토끼는 거북이의 등을 타고 용궁으로 갔어요.

다 방정환은 집안이 어려워지자, 학교를 그만두고 조선 총독부에서 서류를 옮겨 적는 일을 하게 되었어요. 이 일을 하면서 세상을 보는 눈이 넓어진 방정환은 천도교에 관심을 갖게 되었고, 천도교 ❺본부에서 일하게 되었어요. 그리고 이곳에서 어린이를 위한 활동을 시작하였답니다.

---

❶ **획책**: 어떤 일을 꾸미거나 꾀함. 또는 그런 꾀
❷ **협박**: 겁을 주며 압력을 가하여 남에게 억지로 어떤 일을 하도록 함.
❸ **풍족하다**: 매우 넉넉하여 부족함이 없음.
❹ **환등기**: 환등 장치를 이용하여 그림, 필름 따위를 확대하여 스크린에 비추는 기계
❺ **본부**: 각종 관서나 기관·단체의 중심이 되는 조직. 또는 그 조직이 있는 곳

정답 110쪽

중심 낱말 찾기

01 각 문단의 중심 낱말을 찾아 쓰세요.

가 문단: ☐☐☐ 에 어린이에 관한 글을 쓴 방정환

나 문단: ☐☐☐☐ 이라고 소문이 난 방정환

다 문단: ☐☐☐ 본부에서 일하게 된 방정환

내용 이해

02 다음 내용은 이 글의 **가** ~ **다** 문단 중 어느 문단과 관련이 깊은지 쓰세요.

> 방정환은 조선 총독부에서의 일을 그만두고 유광렬과 함께 문학을 토론하였는데, 이때 그는 끼니를 잇기 힘들었고 노동자들의 숙소에서 머물기도 하였다. 이후 천도교 소년회 등의 천도교 기관에서 일하였는데, 그의 아버지가 성실한 천도교 신자였고 자신도 모든 사람은 평등하다는 천도교의 '인내천 사상'에 공감하고 있었기 때문이었다.

어휘 확인

03 다음 낱말의 뜻을 찾아 선으로 이으세요.

1 본부 •

2 획책 •

• ㄱ 어떤 일을 꾸미거나 꾀함. 또는 그런 꾀

• ㄴ 각종 관서나 기관 · 단체의 중심이 되는 조직. 또는 그 조직이 있는 곳

중심 내용 찾기

04 다음 빈칸을 채워 이 글의 내용을 정리해 보세요.

> 어린이를 위해 많은 일을 한 방정환은 어린 시절에는 ☐☐☐ 를 이용해서 재미
> 있는 이야기를 들려주어 이야기꾼으로 소문이 났다. 그는 조선 총독부에서 하던 일을 그
> 만두고 천도교 본부에서 일하게 되면서 ☐☐☐ 를 위한 활동을 시작하였다.

방정환

글을 읽으면서 중요하다고 생각하는 낱말에 색칠해 보세요.

❷ 잡지 『어린이』를 만들다

방정환은 1919년에 천도교의 ^❻교주인 손병희를 도와 3·1 운동에 참가하였어요. 그때 독립 선언서를 인쇄하다가 일본 경찰이 들이닥친 일이 있었는데요. 방정환은 인쇄기를 우물 속에 던져 넣어 위기에서 벗어났지만, 이 일로 고문을 받고 일본 경찰의 감시를 받게 되었어요. 이 일을 계기로 방정환은 일본을 잘 알아야겠다고 생각하여 일본에 유학을 갔어요. 그곳에서 방정환은 아동 문학, ^❼심리학 등을 공부하면서 어린이들이 당연히 누려야 할 ^❽권리가 있다는 생각을 하게 되었지요.

1920년대 초 방정환은 나이가 적은 아이들을 인격적인 사람으로 존중해 주기 위해 '어린이'라는 낱말을 사용하기 시작하였어요. 또한 방정환의 주도로 5월 1일을 어린이날로 정하였는데, 이는 새싹이 돋아나는 시기를 맞춘 것이에요.

방정환은 1923년 한국 최초로 『어린이』라는 아동 잡지를 만들었어요. 당시 서울의 인구가 30만 명이었는데, 잡지의 판매량이 10만 부나 되었다는 데서 그 인기를 짐작할 수 있지요. 일제는 이 잡지를 일종의 독립운동이라 보며 ^❾검열하였고, 이로 인해 많은 원고가 삭제되기도 하였어요. 이렇게 열정적으로 어린이의 권리를 지키고자 하였던 방정환은 30대 초반에 ^❿과로로 눈을 감고 말았답니다.

---

❻ **교주:** 어떤 종교나 종파를 처음 세운 사람. 한 종교 단체의 우두머리

❼ **심리학:** 생물체의 의식 현상과 행동을 연구하는 학문

❽ **권리:** 어떤 일을 행하거나 타인에 대하여 당연히 요구할 수 있는 힘이나 자격

❾ **검열:** 언론, 출판, 보도, 연극, 영화, 우편물 등의 내용을 사전에 심사하여 그 발표를 통제하는 일

❿ **과로:** 몸이 고달플 정도로 지나치게 일함. 또는 그로 말미암은 지나친 피로

중심 낱말 찾기

05 다음에서 설명하는 낱말을 이 글에서 찾아 쓰세요.

1920년대 초 방정환이 나이가 적은 아이들을 인격적인 사람으로 존중해 주기 위해 사용한 낱말이다.

내용 이해

06 이 글의 내용과 일치하지 <u>않는</u> 것은 무엇인가요? [ ]

① 손병희는 천도교 교주였다.

② 방정환은 일본에서 유학을 하였다.

③ 방정환은 일본 경찰의 감시를 받았다.

④ 방정환의 주도로 어린이날이 정해졌다.

⑤ 『어린이』라는 잡지는 일제의 지원을 받았다.

어휘 확인

07 다음 밑줄 친 부분 대신 쓸 수 있는 낱말로 알맞은 것은 무엇인가요? [   ]

일제 강점기에 일본은 우리나라 신문을 <u>미리 검사</u>하여 자신들에게 불리한 내용은 삭제하였다.

① 검열   ② 결의   ③ 기습   ④ 선포   ⑤ 획책

내용 추론

08 방정환이 다음을 읽고 보일 수 있는 반응으로 알맞은 것은 무엇인가요? [   ]

어린이는 경험이 적어 아직 완성되지 않은 존재입니다.

① 맞습니다. 어린이의 생각은 들을 필요가 없습니다.

② 맞습니다. 어린이는 부족한 존재라서 권리가 없습니다.

③ 맞습니다. 어린이 혼자 결정하도록 두어서는 안 됩니다.

④ 아닙니다. 어린이 중에는 경험이 많은 이가 있을 수 있습니다.

⑤ 아닙니다. 어린이는 인격을 가진 한 사람의 독립된 구성원입니다.

| 시대 | 대한 제국~일제 강점기

이봉창

글을 읽으면서 중요하다고 생각하는 낱말에 색칠해 보세요.

❶ 조선인 차별에 맞서다

이봉창은 서울 용산에서 어린 시절을 보냈어요. 그는 집안 ❶형편이 어려워 일찌감치 돈을 벌기 시작하였지요. 이봉창은 용산에 있는 일본인 과자점에서 점원으로 일하였고, 약국에서도 일을 하였어요. 그러다가 용산역에서 ❷임시직을 받아 일을 하기 시작하였어요. 이봉창이 약국에서 일할 무렵에 3·1 운동이 일어났는데, 이때 이봉창은 3·1 운동을 전혀 알아차리지 못할 만큼 일본을 반대하는 생각이 없었다고 해요. 그저 평범하게 살아가던 식민지 청년이었던 것이에요.

이봉창은 용산역에 근무하면서 빠르게 승진하여 정식 역무원이 되었어요. 몇 달 뒤에는 기관차나 화물차를 연결하는 연결수로 지위가 올랐지요. 승진이 되면서 이봉창의 월급도 크게 올랐어요. 그런데 이봉창은 점차 조선인들은 아무리 일을 잘해도 일본인들보다 ❸승진이 늦고, 월급이 낮다는 사실을 알게 되었어요. 일본인이 조선인을 차별하고 있다는 점을 알아차리게 된 것이지요. 이봉창은 이러한 현실을 견디지 못하고 ❹자포자기하여 술과 도박에 빠져 많은 빚을 지게 되었어요. 결국 그는 ❺퇴직금으로 빚을 갚기 위해 회사를 그만두었답니다.

일을 아무리 잘해도 일본인보다 월급이 적구나.

❶ **형편**: 일이 되어 가는 상태나 경로 또는 결과. 살림살이의 형세
❷ **임시직**: 임시로 맡는 직위나 직책
❸ **승진**: 직위의 등급이나 계급이 오름.
❹ **자포자기**: 절망에 빠져 자신을 스스로 포기하고 돌아보지 아니함.
❺ **퇴직금**: 현직에서 물러나는 사람에게 근무처에서 지급하는 돈

정답 111쪽

중심 낱말 찾기

01 다음 ㄱ, ㄴ에 들어갈 낱말을 이 글에서 찾아 각각 쓰세요.

> 이봉창은 용산역에서 근무하면서 (ㄱ   )인이 (ㄴ   )인을 차별하고 있음을 알게 되었다.

✎ ㄱ: ㄴ:

내용 이해

02 이봉창에 대한 설명으로 알맞지 <u>않은</u> 것은 무엇인가요? [✎   ]

① 이봉창은 용산역의 정식 역무원이 되었다.
② 이봉창은 서울 용산에서 어린 시절을 보냈다.
③ 이봉창은 3·1 운동이 일어나자 적극 참여하였다.
④ 이봉창은 일본인 과자점에서 점원으로 일하였다.
⑤ 이봉창은 퇴직금으로 빚을 갚기 위해 회사를 그만두었다.

어휘 확인

03 다음 낱말의 뜻을 찾아 선으로 이으세요.

1 승진 •   • ㄱ 직위의 등급이나 계급이 오름.

2 형편 •   • ㄴ 절망에 빠져 자신을 스스로 포기하고 돌아보지 아니함.

3 자포자기 •   • ㄷ 일이 되어 가는 상태나 경로 또는 결과. 살림살이의 형세

중심 내용 찾기

04 다음 빈칸을 채워 이 글의 내용을 정리해 보세요.

> 이봉창은 [ ]·[ ] 운동을 알아차리지 못할 만큼 일본을 반대하는 생각 없이 살아가던 청년이었으나, 일을 하면서 조선인에 대한 [ ][ ]을 느끼게 되었다.

이봉창

글을 읽으면서 중요하다고 생각하는 낱말에 색칠해 보세요.

② 일왕을 향해 수류탄을 던지다

이봉창은 1925년 일본 오사카에 갔어요. 그는 가스 회사에서 일하다가 이후 [6]부두 노동자로 일을 하였는데, 여전히 조선인으로서 차별 대우를 받았지요.

1928년 어느 날, 이봉창은 교토에서 열린 일왕 [7]즉위식을 구경하고 있었어요. 그런데 갑자기 일본 경찰이 이봉창을 경찰서로 끌고 가 [8]유치장에 가두는 것이에요. 열흘이 지나서야 겨우 풀려난 이봉창은 자신이 유치장에 갇힌 이유가 그의 주머니에서 조선어로 쓴 편지가 나왔기 때문이라는 것을 알게 되었지요. 그제야 이봉창은 조선의 독립에 관심을 가지게 되었답니다.

이봉창은 1931년 중국 상하이로 갔어요. 그리고 대한민국 임시 정부를 찾아가 김구를 만났어요. 김구는 당당한 모습의 이봉창이 마음에 들어 그에게 일왕을 처단하는 일을 제안하였답니다.

이봉창은 일왕을 처단하기 위해 다시 일본으로 갔어요. 그리고 1932년, 마침내 일왕이 탄 마차를 향해 수류탄을 던졌어요. 불행히도 수류탄의 [9]화력이 약해 일왕을 처단하는 일은 실패하고 말았어요. 비록 일왕을 처단하지는 못하였지만, 이봉창의 [10]거사는 조선의 독립운동이 계속되고 있음을 세계에 알리는 계기가 되었어요.

일왕이 탄 마차다!

---

[6] **부두**: 배를 대어 사람과 짐이 뭍으로 오르내릴 수 있도록 만들어 놓은 곳

[7] **즉위식**: 임금 자리에 오르는 것을 백성과 조상에게 알리기 위하여 치르는 의식

[8] **유치장**: 피의자나 경범죄를 지은 사람 등을 한때 가두어 두는 곳. 각 경찰서에 있음.

[9] **화력**: 불이 탈 때에 내는 열의 힘

[10] **거사**: 큰일을 일으킴.

정답 111쪽

05 다음 빈칸에 공통으로 들어갈 인물을 이 글에서 찾아 쓰세요.

이봉창은 중국 상하이에 있는 대한민국 임시 정부에서 (   )를 만났다. 그리고
(   )의 제안으로 일본으로 가서 일왕이 탄 마차에 수류탄을 던졌다.

06 이봉창에 대한 설명으로 알맞은 것을 보기에서 모두 골라 기호를 쓰세요.

보기

ㄱ 일왕이 탄 마차에 수류탄을 던졌다.
ㄴ 일본어를 쓴다는 이유로 유치장에 갇혔다.
ㄷ 상하이에 있는 대한민국 임시 정부를 찾아갔다.
ㄹ 일본에서 일하며 일본인보다 좋은 대우를 받았다.

07 다음 뜻을 나타내는 낱말을 쓰세요.

1 큰일을 일으킴. ☐ ☐
2 불이 탈 때에 내는 열의 힘 ☐ ☐

08 이 글을 읽고 조선의 독립운동에 대해 설명한 것으로 알맞은 것은 무엇인가요?

[   ]

① 모든 조선인은 일제에 저항하였다.
② 독립운동은 중국에서만 할 수 있었다.
③ 일본의 탄압으로 조선인은 독립운동을 할 수 없었다.
④ 점차 항일 의식을 가져 독립운동에 참여한 사람들이 있었다.
⑤ 이봉창이 일왕 처단에 성공한 것을 계기로 다른 나라의 관심을 받았다.

| 시대 | 대한 제국~일제 강점기

윤봉길

글을 읽으면서 중요하다고 생각하는 낱말에 색칠해 보세요.

❶ 농민 계몽을 위한 노력

가 1932년 4월 29일, 아침 7시를 알리는 종소리가 들리자 한 청년이 김구에게 시계를 자신의 것과 바꾸자고 하였어요. 그리고 다음과 같이 말하였어요. "새로 산 시계는 한 시간밖에 더 ❶소용이 없습니다." 이 말을 하였던 청년은 독립운동가 윤봉길이에요. 그의 원래 이름은 우의이고, '봉길'이라는 이름은 중국으로 떠날 때 스스로 지은 이름이에요.

나 윤봉길이 19살 때, 한 청년이 공동묘지에서 아버지의 이름을 찾지 못하여 ❷팻말을 모두 뽑아 윤봉길에게 물어본 적이 있었어요.

이 일을 계기로 윤봉길은 농민들이 글을 ❸깨치고 실력을 길러야 한다는 생각을 하게 되었지요. 그는 농촌에서 ❹야학을 열어 글을 가르쳤고, 토론회, ❺강연회 등을 개최하였어요. 농민 단체를 만들어 가축 키우는 일을 돕기도 하였지요.

한글을 쉽게 읽으려면 발음의 원리를 알아야 합니다.

다 1929년 어느 날, 전라남도 광주에서는 일제의 민족 차별에 맞선 광주 학생 항일 운동이 일어났어요. 이 운동이 나라 곳곳으로 퍼져 나가자, 일제의 독립운동 탄압이 더욱 심해졌지요. 이를 본 윤봉길은 농민을 계몽하는 활동으로 그치지 않고, 직접 독립운동에 뛰어들기로 결심하였답니다.

---

❶ **소용:** 쓸 곳. 또는 쓰이는 바
❷ **팻말:** 패를 단 말뚝. 주변이나 다른 사람들에게 알리기 위하여 글 등을 써 놓은, 네모난 조각
❸ **깨치다:** 일의 이치 따위를 깨달아 알다.
❹ **야학:** 밤에 공부함. '야간 학교'를 줄여 이르는 말
❺ **강연회:** 일정한 주제에 대하여 청중 앞에서 강의 형식으로 말하는 모임

글을 이해해요

정답 112쪽

중심 낱말 찾기

01 각 문단의 중심 낱말을 찾아 쓰세요.

가 문단: 김구와 [   ][   ]를 바꾼 윤봉길

나 문단: 농민들이 [   ]을 깨치고 실력을 길러야 한다고 생각한 윤봉길

다 문단: 직접 [   ][   ] 운동에 뛰어들기로 결심한 윤봉길

내용 이해

02 다음 내용은 이 글의 **가** ~ **다** 문단 중 어느 문단과 관련이 깊은지 쓰세요.

윤봉길은 1929년에 일어난 광주 학생 항일 운동으로 큰 충격을 받았다. 이때부터 그는 야학에서 학생들에게 항일 정신을 기르고 투쟁에 나설 것을 북돋는 데에 열중하였다. 그는 강연에서 일제의 칼날 아래 민족과 나라를 위해 희생한 학생들의 끔찍한 모습을 바로 볼 것을 말하였다. 나아가 독립을 위해 일제와 싸울 것을 재촉하여 말하였다.

어휘 확인

03 다음 글에서 밑줄 친 낱말과 바꾸어 쓸 수 있는 낱말은 무엇인가요? [   ]

계절이 바뀌자 나는 집안 청소를 시작하였다. 안 입는 옷을 상자에 넣고, 낡아서 <u>쓸모</u> 없는 물건들은 모두 버렸다.

① 명성   ② 성과   ③ 소용   ④ 연유   ⑤ 증표

중심 내용 찾기

04 다음 빈칸을 채워 이 글의 내용을 정리해 보세요.

윤봉길은 농민들이 글을 깨치는 것이 중요하다고 생각하여 [   ][   ]을 열어 농민들을 교육하였다. 그러던 중 [   ][   ] 학생 항일 운동을 지켜보면서 직접 독립운동에 뛰어들기로 결심하였다.

73

윤봉길

글을 읽으면서 중요하다고 생각하는 낱말에 색칠해 보세요.

② 일제를 향해 폭탄을 던지다

윤봉길은 오랜 고민 끝에 독립운동에 참여하기로 결심하였어요. 그는 가족들에게 "⑥대장부가 집을 나가면 뜻을 이루기 전에는 돌아오지 않는다."라는 글을 남기고 중국으로 떠났어요.

윤봉길은 1931년 중국 상하이로 갔어요. 이 무렵 일본은 만주 사변을 일으켜 중국의 만주를 차지하고 만주국을 세웠어요. 이 사건으로 일본에 대한 국제 ⑦여론이 나빠지자, 일본은 시선을 다른 곳으로 돌리기 위해 1932년 1월 중국 상하이를 점령하였지요.

일본은 상하이의 홍커우 공원에서 일왕의 생일 축하식 겸 상하이를 차지한 것을 기념하는 행사를 연다고 하였어요. 독립을 위해 몸 바칠 각오를 한 윤봉길은 이 기념식을 기회로 여겼어요. 그는 기념식이 열리는 4월 29일, 미리 준비한 물통 모양의 폭탄을 ⑧단상을 향해 던졌어요. 폭탄이 한가운데 ⑨명중하면서 폭발하여 일본군

대장 등이 죽거나 다쳤지요. 윤봉길은 폭탄을 던진 후 체포되어 사형을 당하고 말았답니다. 하지만 윤봉길의 의거는 중국인들에게 깊은 ⑩인상을 남겼고, 이후 중국 정부가 우리 민족의 독립운동을 지원하는 계기가 되었어요.

---

⑥ **대장부:** 건장하고 씩씩한 사내
⑦ **여론:** 사회 대중의 공통된 의견
⑧ **단상:** 교단이나 강단 등의 위
⑨ **명중:** 화살이나 총알 따위가 겨냥한 곳에 바로 맞음.
⑩ **인상:** 어떤 대상에 대하여 마음속에 새겨지는 느낌

중심 낱말 찾기

05 다음에서 설명하는 인물을 이 글에서 찾아 쓰세요.

1932년 일왕의 생일 축하식 겸 일본의 상하이 점령을 기념하는 행사에서 폭탄을 던져 일본군 대장 등을 죽거나 다치게 하였다.

내용 이해

06 이 글의 내용과 일치하면 ◯, 일치하지 않으면 ✕에 표시하세요.

1 일본은 1931년 만주 사변을 일으켰다. [◯ / ✕]

2 윤봉길은 1932년 일본에서 의거를 단행하였다. [◯ / ✕]

3 윤봉길은 독립운동에 참여하기 위해 중국으로 떠났다. [◯ / ✕]

어휘 확인

07 다음 낱말의 뜻을 찾아 선으로 이으세요.

1 명중 •

2 여론 •

3 인상 •

• ㄱ 사회 대중의 공통된 의견

• ㄴ 어떤 대상에 대하여 마음속에 새겨지는 느낌

• ㄷ 화살이나 총알 따위가 겨냥한 곳에 바로 맞음.

내용 추론

08 이 글을 읽고 윤봉길의 의거에 대해 바르게 평가한 어린이는 누구인지 쓰세요.

고은	윤봉길의 의거로 일제가 조선의 독립운동을 허용하였을 거야.
세미	윤봉길의 의거로 조선의 독립에 대한 국제적 관심이 줄었을 거야.
지석	윤봉길의 의거는 조선인이 중국에서 독립운동을 하는 데 도움이 되었을 거야.

| 시대 | 일제 강점기~대한민국

이중섭

❶ 소를 많이 그린 화가

이중섭은 ❶살아생전 소를 많이 그렸던 화가예요. 「싸우는 소」, 「흰소」, 「황소」 등이 그가 소를 그린 대표적인 ❷작품들이에요. 이중섭이 그린 소들은 근육이나 뼈의 모양을 드러내고 역동적으로 움직이는 모습이 많은데, 이는 일본에 고통받고 분노하던 우리 민족의 모습을 보여 주기도 한답니다.

이중섭은 1916년 평안남도 평원에 있던 부유한 집안에서 태어났어요. 그 덕분에 아버지를 일찍 여의었어도 넉넉한 생활을 이어갈 수 있었지요. 이중섭은 오산 학교를 다니면서 본격적으로 미술을 배웠는데요. 당시 미술 선생님으로부터 "조선 사람은 조선 ❸화풍으로 그려야 한다."라는 말을 듣고 큰 감명을 받았어요. 그 영향을 받아서인지 이중섭은 자신의 그림에 한글로 ❹서명을 하였답니다.

이중섭은 오산 학교를 졸업한 뒤 1937년 일본 도쿄의 학교에 들어가 미술 공부를 계속하였어요. 그는 학교에 다니던 중 전시회에 작품을 내어놓아 신인으로서 ❺각광을 받았고, 학교를 졸업하고 나서 상을 받기도 하였어요. 그리고 이중섭은 1945년에 일본인 여성을 만나 결혼을 하였답니다.

❶ **살아생전**: 이 세상에 살아 있는 동안
❷ **작품**: 예술 창작 활동으로 얻어지는 제작물
❸ **화풍**: 그림을 그리는 방식이나 양식
❹ **서명**: 자기의 이름을 써넣음. 또는 써넣은 것
❺ **각광**: 사회적 관심이나 흥미

중심 낱말 찾기

01 다음 ㄱ, ㄴ에 들어갈 낱말을 이 글에서 찾아 각각 쓰세요.

이중섭은 오산 학교를 다닐 무렵 미술 선생님으로부터 "조선 사람은 (ㄱ   )
화풍으로 그려야 한다."라는 말을 듣고 감명을 받아, 자신의 그림에 (ㄴ   )
로 서명을 하였다.

🖉 ㄱ: ㄴ:

내용 이해

02 이 글의 내용과 일치하지 <u>않는</u> 것은 무엇인가요?   [🖉   ]

① 이중섭은 소를 많이 그렸다.

② 이중섭은 오산 학교를 다녔다.

③ 이중섭은 일본인 여성과 결혼하였다.

④ 이중섭은 자신의 그림에 일본어로 서명을 하였다.

⑤ 이중섭은 도쿄의 학교에 다니면서 신인으로서 각광을 받았다.

어휘 확인

03 다음 글에서 밑줄 친 낱말과 바꾸어 쓸 수 있는 낱말은 무엇인가요?   [🖉   ]

그 소설은 문학사에 길이 남을 훌륭한 <u>작품</u>이다.

① 소재   ② 제목   ③ 제작물   ④ 줄거리   ⑤ 이야깃거리

중심 내용 찾기

04 다음 빈칸을 채워 이 글의 내용을 정리해 보세요.

이중섭은 [   ]를 많이 그렸던 화가이다. 그는 오산 학교에서 조선 사람은 조선 화풍으

로 그려야 한다는 미술 선생님의 말에 감명을 받아 자신의 그림에 한글로 서명을 하였

다. 이후 이중섭은 일본에서 [   ][   ] 공부를 하며 상을 받기도 하였다.

이중섭

② 가족을 그리워한 가난한 화가

이중섭은 결혼 후 함경도 원산에서 두 아들을 낳았어요. 그러다 6·25 전쟁이 일어나 가족들과 함께 남쪽으로 내려왔어요. 전쟁 ❻통에서 그와 가족은 가난을 벗어나기 어려웠어요. 전쟁의 위협과 가난이 계속되자, 이중섭은 아내와 두 아들을 일본으로 보내고 혼자 한국에 남았어요.

이중섭은 가족을 다시 만나기 위해 막노동을 하며 돈을 벌었지만 가난을 벗어나기는 힘들었어요. 그림을 그릴 재료를 살 돈도 부족하였지요. 그래서 그는 담배를 싸는 종이에 입혀진 ❼은박에 자주 그림을 그렸는데, 이를 '은지화'라고 해요.

일본으로 가족을 보낸 이중섭은 며칠 동안을 제외하고 죽을 때까지 가족과 떨어져 지냈어요. 그는 가족을 늘 그리워하였고, 이러한 ❽그리움이 묻어 있는 그림을 많이 그렸지요. 그중 하나가 「K시인의 가족」이라는 그림이에요. 이 그림은 친구인 구상 시인이 아들에게 세발자전거를 사다 주던 날을 그린 것으로, 행복한 가족의 모습이 나타나 있어요. 가족과의 ❾재회를 염원하던 이중섭은 40세의 나이로 생을 마감하였어요. 그렇지만 살아있는 동안 ❿개성 있는 작품을 많이 남겨 오늘날에도 많은 관심을 받고 있답니다.

---

❻ **통**: 어떤 일이 벌어진 형편이나 환경
❼ **은박**: 은 또는 은과 같은 빛깔의 재료를 종이와 같이 얇게 만든 물건
❽ **그리움**: 보고 싶어 애타는 마음
❾ **재회**: 다시 만남.
❿ **개성**: 다른 사람이나 개체와 구별되는 고유의 특성

중심 낱말 찾기
05 다음 ㄱ, ㄴ에 들어갈 낱말을 이 글에서 찾아 각각 쓰세요.

이중섭은 (ㄱ   ) 전쟁이 일어나자 가족들과 함께 함경도 원산에서 남쪽으로 내려왔다. 이후 그의 가족들은 (ㄴ   )으로 갔으나 이중섭은 혼자 한국에 남았다.

✎ ㄱ: ㄴ:

내용 이해
06 이중섭에 대한 설명으로 알맞은 것을 보기에서 모두 골라 기호를 쓰세요.

보기

ㄱ 은지화를 자주 그렸다.
ㄴ 개성 있는 그림들을 많이 남겼다.
ㄷ 아내와 두 아들을 중국으로 보냈다.
ㄹ 6·25 전쟁을 겪으며 부유한 생활을 하였다.

✎

어휘 확인
07 다음 뜻을 나타내는 낱말을 쓰세요.

❶ 다시 만남. ☐☐

❷ 보고 싶어 애타는 마음 ☐☐☐

❸ 다른 사람이나 개체와 구별되는 고유의 특성 ☐☐

내용 추론
08 이중섭이 '은지화'를 자주 그린 까닭을 바르게 말한 어린이는 누구인지 쓰세요.

도훈	가난하였기 때문이야.
서영	가족을 그리워하였기 때문이야.
채연	개성 있는 작품을 그리기 위해서야.

✎

| 시대 | 대한 제국~일제 강점기

이육사

글을 읽으면서 중요하다고 생각하는 낱말에 색칠해 보세요.

❶ 일제에 맞선 시인

나의 호는 이육사로 해야겠어.

가 "지금 눈 내리고 / 매화 향기 홀로 아득하니 …… 백마 타고 오는 ❶초인이 있어 / 이 ❷광야에서 목 놓아 부르게 하리라."라는 내용은 「광야」라는 시의 일부예요. 이 시를 쓴 인물은 이육사예요. 이육사의 원래 이름은 이원록이었어요. 그런데 이육사가 독립운동을 하였다는 죄로 감옥에 들어갔을 때 그의 ❸죄수 번호가 264번이었고, 이후 그는 이육사라는 이름을 사용하였답니다.

나 이육사는 1904년 경상북도 안동에서 태어났어요. 그는 퇴계 이황의 후손이었지요. 이육사는 할아버지로부터 한학을 배웠어요. 그리고 20대 때 일본 도쿄와 중국 베이징에서 유학하기도 하였어요. 한국에 돌아온 후에는 조국의 독립을 위해 의열단이라는 단체에 가입하여 독립운동을 하고자 하였어요. 그러던 중 이육사는 1927년 조선은행 대구 지점에서 폭발물이 터져 일본 경찰이 다치는 사건에 ❹연루되어 대구 형무소에서 3년간 옥고를 치렀어요.

다 감옥에서 나온 이육사는 신문 기자가 되어 글을 썼어요. 그리고 일본에 ❺저항하는 의지를 담은 시를 발표하였지요. 그럴수록 이육사에 대한 일제의 감시는 더욱 심해졌어요.

❶ 초인: 보통 사람으로는 생각할 수 없을 만큼 뛰어난 능력을 가진 사람
❷ 광야: 텅 비고 아득히 넓은 들
❸ 죄수: 죄를 지어 교도소에 가두어 들어간 사람
❹ 연루: 남이 저지른 범죄에 관련됨.
❺ 저항: 어떤 힘이나 조건에 굽히지 아니하고 거역하거나 버팀.

중심 낱말 찾기

01 각 문단의 중심 낱말을 찾아 쓰세요.

가 문단: 자신의 죄수 번호를 이름으로 사용한 [ ][ ][ ]

나 문단: [ ][ ][ ]에 가입하고 독립운동을 하고자 한 이육사

다 문단: 일본에 저항하는 [ ]를 발표한 이육사

내용 이해

02 이육사에 대한 설명으로 알맞지 <u>않은</u> 것은 무엇인가요? [✎   ]

① 「광야」라는 시를 썼다.

② 대구 형무소에서 옥고를 치렀다.

③ 일본과 중국에서 유학을 하였다.

④ 신문 기자로서 글을 쓰기도 하였다.

⑤ 이원록이라는 이름은 자신의 죄수 번호에서 비롯되었다.

어휘 확인

03 다음 뜻을 나타내는 낱말을 쓰세요.

1 남이 저지른 범죄에 관련됨. [ ][ ]

2 어떤 힘이나 조건에 굽히지 아니하고 거역하거나 버팀. [ ][ ]

3 보통 사람으로는 생각할 수 없을 만큼 뛰어난 능력을 가진 사람 [ ][ ]

중심 내용 찾기

04 다음 빈칸을 채워 이 글의 내용을 정리해 보세요.

이육사는 독립운동을 하다 감옥에 갔을 때 자신의 죄수 번호가 [ ][ ][ ]번이었던 것을 계기로 이육사라는 이름을 사용하였다. 그는 감옥에서 나와 신문 기자로 지내며 [ ][ ]에 저항하는 의지를 담은 시를 발표하였다.

이육사

글을 읽으면서 중요하다고 생각하는 낱말에 색칠해 보세요.

❷ 무장 독립 투쟁과 저항시

이육사는 독립운동에 ❻전념하기 위해 중국을 자주 ❼왕래하였어요. 중국 베이징에서 의열단원을 만난 이육사는 ❽무장 독립 투쟁에 참여하기로 하고, 군사 훈련을 받기 위해 의열단이 세운 군사 학교에 입학하였어요. 이곳에서 폭탄과 ❾탄약을 만드는 법, 비밀리에 통신하는 법, 무기를 운반하는 법 등을 배웠지요.

이육사는 교육을 마친 후 1933년 국내에 들어왔어요. 그러나 의열단의 군사 학교 출신이라는 이유로 다시 일본 경찰에 붙잡혀 여러 달의 ❿옥살이를 하면서 건강이 나빠졌어요. 이육사는 앞으로 계속 무장 투쟁에 나설지 독립운동을 그만두고 평범하게 살아갈지를 고민하게 되었답니다.

이육사는 오랜 생각 끝에 글을 통해 민족의식을 높이고 일제에 대한 저항 정신을 일깨우겠다고 마음먹었어요. 그는 「광야」, 「절정」 등 저항적인 성격의 글과 시를 썼어요. 꾸준히 일제의 식민 통치에 맞선 이육사는 1943년 다시 감옥살이를 하게 되었고, 고문에 시달리다가 1944년 세상을 떠났어요. 이육사는 1945년 8월 15일 우리나라의 광복을 직접 보지는 못하였지만, 언제나 독립운동에 앞장서며 민족의식을 일깨웠던 인물이었답니다. 그의 시는 오늘날에도 많은 사람들에게 사랑받고 있지요.

일제의 식민 통치에 맞서는 시를 써야겠어.

---

❻ **전념**: 오직 한 가지 일에만 마음을 씀.

❼ **왕래**: 가고 오고 함.

❽ **무장**: 전투에 필요한 장비를 갖춤. 또는 그 장비

❾ **탄약**: 탄알과 화약을 아울러 이르는 말

❿ **옥살이**: 감옥에 갇히어 지내는 생활

중심 낱말 찾기

05 다음 밑줄 친 내용에 해당하는 작품 두 개를 이 글에서 찾아 쓰세요.

이육사는 민족의식을 높이고 일제에 대한 저항 정신을 일깨우기 위해 <u>저항적인 성격의 글과 시</u>를 썼다.

✎ _____

내용 이해

06 다음 사건이 일어난 순서에 맞게 번호를 쓰세요.

우리나라가 광복을 맞이하였다.

이육사는 감옥에서 고문에 시달리다가 세상을 떠났다.

이육사는 의열단이 세운 군사 학교에 입학하여 교육을 받았다.

어휘 확인

07 다음 낱말의 뜻을 찾아 선으로 이으세요.

① 무장 •   • ㉠ 가고 오고 함.

② 왕래 •   • ㉡ 오직 한 가지 일에만 마음을 씀.

③ 전념 •   • ㉢ 전투에 필요한 장비를 갖춤. 또는 그 장비

내용 추론

08 이 글을 읽고 이육사의 독립운동 방식을 바르게 말한 어린이는 누구인지 쓰세요.

나희 친일파와 손을 잡았어.

동훈 무장 독립 투쟁 말고 다른 방법은 없다고 생각하였어.

현준 저항적인 성격의 글과 시로 일제에 대한 저항 정신을 일깨우고자 하였어.

✎ _____

|시대| 조선 시대~대한민국

김구

글을 읽으면서 중요하다고 생각하는 낱말에 색칠해 보세요.

❶ 일제에 당당히 맞선 청년

김구는 1876년 황해도 해주에서 태어났어요. 김구의 본래 이름은 창수였지요. 김구의 집안은 ^❶몰락한 양반의 후손으로 몹시 가난하였어요. 김구는 서당에서 열심히 공부하여 과거에 ^❷응시하였으나 뜻을 이루지는 못하였어요.

김구는 평등한 세상을 꿈꾸며 동학을 받아들였어요. 그리고 해주 지방의 동학 교단을 이끄는 ^❸접주가 되었지요. 1894년에 동학 농민 운동이 일어나자 김구는 동학 농민군을 이끌고 해주성을 공격하기도 하였어요.

1895년에는 조선의 왕비가 일본인에 의해 죽임을 당한 을미사변이 일어났어요. 김구는 왕비를 죽인 사람이라고 생각되는 일본인을 죽여 재판을 받았는데, 여기에서도 당당하게 자신의 행동을 ^❹항변하였어요. 그는 재판에서 사형을 선고받았지만, 고종의 ^❺사면으로 목숨을 건질 수 있었어요.

나는 우리의 국모를 죽인 이를 죽였을 뿐이오!

1911년 김구는 다시 감옥에 갇혔어요. 일제가 한국을 식민지로 만들고 나서 민족 운동을 하는 사람들을 잡아서 가두었기 때문이에요. 김구는 서대문 형무소에서 옥살이를 하며 이름을 김구로 바꾸고, '백범'이라는 호를 만들었답니다.

❶ **몰락**: 재물이나 세력 따위가 쇠하여 보잘것없이 됨.
❷ **응시**: 시험에 응함.
❸ **접주**: 동학에서, 한 구역의 우두머리
❹ **항변**: 대항하여 변론함. 또는 그런 변론
❺ **사면**: 죄를 용서하여 형벌을 면제함.

정답 115쪽

중심 낱말 찾기

01 다음에서 설명하는 낱말을 이 글에서 찾아 쓰세요.

김구가 서대문 형무소에서 옥살이를 하며 만든 호이다.

✎ _____

내용 이해

02 이 글의 내용과 일치하는 것은 무엇인가요? [✎   ]

① 김구의 원래 이름은 원록이다.

② 김구는 함경도 원산에서 태어났다.

③ 김구는 옥살이를 하며 매헌이라는 호를 만들었다.

④ 김구는 을미사변의 범인으로 여겨지는 한국인을 죽였다.

⑤ 김구는 사형 선고를 받았으나 고종의 사면으로 목숨을 건졌다.

어휘 확인

03 다음 보기 에서 밑줄 친 낱말을 알맞게 사용한 것을 모두 골라 기호를 쓰세요.

> **보기**
> ㉠ 시험에 <u>항변</u>할 기회는 한 번뿐이다.
> ㉡ 피고는 끝까지 억울하다고 <u>응시</u>하였다.
> ㉢ 조선 후기에는 많은 양반이 <u>몰락</u>하였다.
> ㉣ 그 사람들은 광복절 특별 <u>사면</u>으로 풀려났다.

✎ _____

중심 내용 찾기

04 다음 빈칸을 채워 이 글의 내용을 정리해 보세요.

김구는 평등한 세상을 꿈꾸며 [ ][ ]을 받아들인 후 농민군을 이끌었으며, 을미사변

때 범인으로 생각되는 일본인을 죽여 재판을 받았다. 이후 서대문 형무소에서 옥살이를

하며 이름을 [ ][ ]로 바꾸고 백범이라는 호를 만들었다.

김구

② 대한민국 임시 정부를 이끌다

1919년 3·1 운동 이후 김구는 중국 상하이로 건너갔어요. 같은 해 4월, 이곳에서 이승만 등과 함께 대한민국의 광복을 위한 임시 정부를 조직하였는데, 이 정부가 대한민국 임시 정부예요. 김구는 대한민국 임시 정부가 어려움을 겪을 때에도 떠나지 않고 남아 독립운동을 이끌었답니다.

1931년 김구는 ⑥침체된 대한민국 임시 정부에 ⑦활력을 불어넣기 위해 한인 애국단을 조직하여 무장 투쟁을 전개하였어요. 한인 애국단원들의 활동에 중국 국민당 정부도 박수를 보냈지요. 이후 임시 정부는 일제의 탄압을 피해 이곳저곳을 옮겨 다녔고, 1940년 김구는 임시 정부의 대표인 ⑧주석이 되었어요.

1945년 8월 15일 마침내 한국은 ⑨광복을 맞이하였어요. 김구도 ⑩조국에 들어왔지요. 그런데 이때 한반도에 정부를 세우는 문제를 놓고 정치 세력들이 대립하였어요. 협상에 나선 미국과 소련이 회의를 열었지만 결론이 나지 않자, 유엔에서 남한만이라도 총선거를 하기로 결정하였어요. 이에 반대한 김구가 남북 통일 정부 수립을 위해 애썼지만 소용없었지요. 남과 북에 사실상 서로 다른 정부가 들어선 후인 1949년, 김구는 총탄에 맞아 사망하고 말았답니다.

"네 소원이 무엇이냐?"고 물으신다면
'내 소원은 대한 독립이오.'하고 대답할 것이다.
"그 다음 소원은 무엇이냐?"하면
나는 또 "우리나라의 독립이오."
할 것이오.
…
"나의 소원은 대한의 완전한
자주독립이오."하고
대답할 것이다.

---

⑥ **침체**: 어떤 현상이나 사물이 진전하지 못하고 제자리에 머무름.

⑦ **활력**: 살아 움직이는 힘

⑧ **주석**: 일부 국가에서 국가나 정당 따위의 최고 직위. 또는 그 직위에 있는 사람

⑨ **광복**: 빼앗긴 주권을 도로 찾음.

⑩ **조국**: 자기의 국적이 속하여 있는 나라

05 다음에서 설명하는 기관을 이 글에서 찾아 쓰세요.

1919년 4월 중국 상하이에서 이승만, 김구 등이 중심이 되어 대한민국의 광복을 위해 임시로 조직한 정부이다.

내용 이해

06 다음 사건이 일어난 순서에 맞게 번호를 쓰세요.

김구가 한인 애국단을 조직하였다.

대한민국 임시 정부가 수립되었다.

김구가 남북 통일 정부 수립을 위해 활동하였다.

어휘 확인

07 다음 뜻을 나타내는 낱말을 쓰세요.

1 살아 움직이는 힘. ☐☐

2 빼앗긴 주권을 도로 찾음. ☐☐

3 어떤 현상이나 사물이 진전하지 못하고 제자리에 머무름. ☐☐

내용 추론

08 다음 주장에 대한 김구의 반응으로 알맞은 것은 무엇인가요? [ ]

이승만   남한만이라도 총선거를 통해 정부를 수립해야 합니다.

① 맞습니다. 남한에서 단독 정부를 세워야 합니다.

② 맞습니다. 남한에서 먼저 정부를 세워 북측과 협상해야 합니다.

③ 아닙니다. 미국의 힘을 빌려서 북한을 무너뜨려야 합니다.

④ 아닙니다. 미국과 소련이 한반도를 대신 통치해야 합니다.

⑤ 아닙니다. 남과 북이 합의하여 통일 정부를 세워야 합니다.

01 조선에서 헤이그 특사가 파견된 까닭으로 알맞은 것은 무엇인가요? [✐   ]

① 만민 공동회를 해체하기 위해서
② 을사늑약의 부당함을 알리기 위해서
③ 독립 협회의 활동을 확대하기 위해서
④ 일본의 황무지 개간권 요구를 막기 위해서
⑤ 대한민국 임시 정부에 활력을 불어넣기 위해서

02 고종이 집권한 시기 조선에서 있었던 사실로 알맞은 것은 무엇인가요? [✐   ]

① 수원 화성이 건설되었다.
② 호패법이 처음 실시되었다.
③ 일본과 강화도 조약을 맺었다.
④ 한양이 새로운 수도로 설계되었다.
⑤ 청나라의 침입으로 병자호란이 일어났다.

03 다음 밑줄 친 '의거'에 해당하는 것으로 알맞은 것은 무엇인가요? [✐   ]

> 중국에 있는 '안중근 의사 기념관'의 벽시계는 9시 30분을 가리킨 채 멈춰 있다. 이 시간은 1909년 안중근의 <u>의거</u>와 관련이 있다.

① 갑신정변을 일으켰다.
② 을미의병을 일으켰다.
③ 이토 히로부미를 처단하였다.
④ 영은문을 헐고 독립문을 세웠다.
⑤ 일왕이 탄 마차를 향해 수류탄을 던졌다.

04 다음 빈칸에 들어갈 나라를 쓰세요.

> 김홍집이 들여온『조선책략』에는 조선이 러시아의 위협을 피하기 위해 (   )과 외교 관계를 맺을 것을 권하는 내용이 담겨 있다.

✐ _____

05 다음에서 설명하는 인물은 누구인가요? [✐   ]

> 평민 출신으로, 을사늑약 체결에 반발하여 의병을 일으켰다.

① 곽재우   ② 김홍집
③ 남자현   ④ 신돌석

06 안창호에 대한 설명으로 알맞지 <u>않은</u> 것은 무엇인가요? [✐   ]

① 신민회를 만들었다.
② '도산'이라는 호를 지었다.
③ 대한인 국민회를 조직하였다.
④ 만민 공동회에서 연설하였다.
⑤ 갑오개혁에서 총괄적인 책임을 맡았다.

07 다음 빈칸에 들어갈 말로 알맞은 것은 무엇인가요? [✐   ]

> 이회영은 만주 삼원보에 모인 독립운동가들과 함께 (   )을/를 세워 독립군을 길러 냈다.

① 구세 학당   ② 독립 협회
③ 신흥 강습소   ④ 한인 애국단

정답과 해설 116쪽

08 다음 보기에서 주시경의 활동을 골라 알맞게 짝지은 것은 무엇인가요? [✎]

> **보기**
> ㉠ 「절정」과 같은 저항적인 시를 썼다.
> ㉡ 『어린이』라는 아동 잡지를 만들었다.
> ㉢ 우리글에 '한글'이라는 이름을 붙였다.
> ㉣ 한글 문법을 정리한 『국어문법』을 썼다.

① ㉠, ㉡ ② ㉡, ㉢
③ ㉡, ㉣ ④ ㉢, ㉣

09 신채호가 다음과 같은 활동을 한 까닭으로 알맞은 것은 무엇인가요? [✎]

> • 『조선사』 편찬
> • 「독사신론」 연재

① 우리글을 지키기 위해서
② 을사늑약을 무효화하기 위해서
③ 서양과 외교 관계를 맺기 위해서
④ 성리학을 통치 이념으로 삼기 위해서
⑤ 역사 연구로 민족정신을 일깨우기 위해서

10 다음과 같은 가사를 가진 노래를 지은 사람은 누구인가요? [✎]

> 아무리 왜놈들이 강성한들 / 우리들도 뭉치면 왜놈 잡기 쉬울 새라. / 아무리 여자인들 나라 사랑 모를소냐. / 아무리 남녀가 유별한들 나라 없이 소용 있나. / 우리도 나가 의병하러 나가 보세. / 의병대를 도와주세.
> – 「안사람 의병가」

① 김만덕 ② 안창호
③ 윤희순 ④ 주시경

11 다음 중 검색 결과로 알맞지 <u>않은</u> 것은 무엇인가요? [✎]

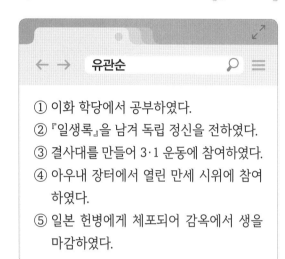

① 이화 학당에서 공부하였다.
② 『일생록』을 남겨 독립 정신을 전하였다.
③ 결사대를 만들어 3·1 운동에 참여하였다.
④ 아우내 장터에서 열린 만세 시위에 참여하였다.
⑤ 일본 헌병에게 체포되어 감옥에서 생을 마감하였다.

12 다음 보기에서 남자현의 활동을 골라 알맞게 짝지은 것은 무엇인가요? [✎]

> **보기**
> ㉠ 한성 재판소 검사로 활동하였다.
> ㉡ 만주에서 서로 군정서에 가입하였다.
> ㉢ 블라디보스토크에서 의병 부대를 조직하였다.
> ㉣ 조선의 독립 호소를 위해 외국 조사단에 혈서를 보냈다.

① ㉠, ㉢ ② ㉡, ㉢
③ ㉡, ㉣ ④ ㉢, ㉣

13 다음 빈칸에 들어갈 단체로 알맞은 것은 무엇인가요? [✎]

> 홍범도는 ( )(이)라는 부대를 만들어 대장을 맡았다. 그리고 다른 독립군 부대들과 연합하여 봉오동 전투에서 승리하였다.

① 의열단 ② 대한 독립군
③ 북로 군정서 ④ 한인 애국단

14 김좌진의 활동으로 알맞지 <u>않은</u> 것은 무엇인가요? [✎   ]

① 호명 학교를 세웠다.
② 청산리 전투를 승리로 이끌었다.
③ 기호 흥학회에 가입하여 활동하였다.
④ 자신의 토지를 노비들에게 나누어 주었다.
⑤ 헤이그 평화 회의장 밖에서 대한 제국의 독립을 주장하였다.

15 다음에서 설명하는 인물은 누구인지 쓰세요.

> '어린이'라는 용어를 사용하기 시작하였고, 5월 1일을 어린이날로 정하였다. 한국 최초로『어린이』라는 아동 잡지도 만들었다.

[✎   ]

16 이봉창에 관한 글을 쓸 때 그 제목으로 가장 적절한 것은 무엇인가요? [✎   ]

① 을미의병을 이끌다
② 한인 애국단을 결성하다
③ 이토 히로부미를 처단하다
④「조선혁명선언」을 완성하다
⑤ 일왕이 탄 마차에 수류탄을 던지다

17 다음과 같은 활동을 한 인물은 누구인가요? [✎   ]

> 상하이의 공원에서 열린 일왕 생일 축하식 겸 일본의 상하이 차지 기념행사에서 물통 모양의 폭탄을 단상 쪽으로 던져 일본군 대장 등이 죽거나 다치게 하였다.

① 안중근   ② 윤봉길
③ 이회영   ④ 홍범도

18 이중섭에 대한 설명으로 알맞지 <u>않은</u> 것은 무엇인가요? [✎   ]

① 소 그림을 많이 그렸다.
② 개성 있는 작품을 많이 남겼다.
③ 자신의 작품에 한글로 서명을 하였다.
④ 그림을 그리는 일 외에 다른 일은 하지 않았다.
⑤ 가족에 대한 그리움을 그림에 표현하기도 하였다.

19 다음 시를 쓴 사람에 대한 설명으로 알맞지 <u>않은</u> 것은 무엇인가요? [✎   ]

> 지금 눈 내리고 / 매화 향기 홀로 아득하니 …… 백마 타고 오는 초인이 있어 / 이 광야에서 목 놓아 부르게 하리라.   -「광야」

① 본명은 이원록이다.
② 의열단이 세운 군사 학교에 입학하였다.
③ 일본에 저항하는 의지를 담은 시를 썼다.
④『월남망국사』를 한글로 번역하여 펴냈다.
⑤ 죄수 번호에서 비롯된 이름을 사용하였다.

20 다음 가상 인터뷰의 (가)에 해당하는 인물은 누구인가요? [✎   ]

> **기자** 상하이에서는 어떤 활동을 하셨나요?
> **(가)** 대한민국 임시 정부 수립에 참여하였습니다.
> **기자** 한인 애국단도 조직하셨지요?
> **(가)** 네, 침체된 대한민국 임시 정부에 활력을 불어넣기 위한 것이었지요.

① 김구   ② 김홍집
③ 신채호   ④ 주시경

정답

 정답
QR 코드

완자 공부력 가이드

완자 공부력 시리즈는
앞으로도 계속 출간될 예정입니다.

국어
맞춤법
바로 쓰기
1~2학년용
4책

쓰기력

전과목
어휘
1~6학년용
12책

전과목
한자
어휘
1~6학년용
12책

영어
파닉스
1~2학년용
2책

영어
영단어
3~6학년용
8책

어휘력

국어
독해
1~6학년용
12책

한국사
독해
인물편
3~6학년용
4책

한국사
독해
시대편
3~6학년용
4책

독해력

수학
계산
1~6학년용
12책

계산력

완자 공부력 시리즈로 공부 근육을 키워요!

매일 성장하는
초등 자기개발서
ω 완자
공부력

학습의 기초가 되는 읽기, 쓰기, 셈하기와 관련된
공부력을 키워야 여러 교과를 터득하기 쉬워집니다.
또한 어휘력과 독해력, 쓰기력, 계산력을 바탕으로 한
'공부력'은 자기주도 학습으로 상당한 단계까지 올라갈 수
있는 밑바탕이 되어 줍니다. 그래서 매일 꾸준한 학습이
가능한 **'완자 공부력 시리즈'**로 공부하면 자기주도학습이
가능한 **튼튼한 공부 근육**을 키울 수 있을 것이라 확신합니다.

효과적인 공부력 강화 계획을 세워요!

○ 학년별 공부 계획

내 학년에 맞게 꾸준하게 공부 계획을 세워요!

		1-2학년	3-4학년	5-6학년
기본	독해	국어 독해 1A 1B 2A 2B	국어 독해 3A 3B 4A 4B	국어 독해 5A 5B 6A 6B
	계산	수학 계산 1A 1B 2A 2B	수학 계산 3A 3B 4A 4B	수학 계산 5A 5B 6A 6B
	어휘	전과목 어휘 1A 1B 2A 2B	전과목 어휘 3A 3B 4A 4B	전과목 어휘 5A 5B 6A 6B
		파닉스 1 2	영단어 3A 3B 4A 4B	영단어 5A 5B 6A 6B
확장	어휘	전과목 한자 어휘 1A 1B 2A 2B	전과목 한자 어휘 3A 3B 4A 4B	전과목 한자 어휘 5A 5B 6A 6B
	쓰기	맞춤법 바로 쓰기 1A 1B 2A 2B		
	독해			한국사 독해 인물편 1 2 3 4 한국사 독해 시대편 1 2 3 4

○ 시기별 공부 계획

학기 중에는 **기본**, 방학 중에는 **기본 + 확장**으로 공부 계획을 세워요!

방학 중			
학기 중			
기본			**확장**
독해	계산	어휘	어휘, 쓰기, 독해
국어 독해	수학 계산	전과목 어휘 파닉스(1~2학년) 영단어(3~6학년)	전과목 한자 어휘 맞춤법 바로 쓰기(1~2학년) 한국사 독해(3~6학년)

예시 **초1 학기 중 공부 계획표** 주 5일 하루 3과목 (45분)

월	화	수	목	금
국어 독해	국어 독해	국어 독해	국어 독해	국어 독해
수학 계산	수학 계산	수학 계산	수학 계산	수학 계산
전과목 어휘	파닉스	전과목 어휘	전과목 어휘	파닉스

예시 **초4 방학 중 공부 계획표** 주 5일 하루 4과목 (60분)

월	화	수	목	금
국어 독해	국어 독해	국어 독해	국어 독해	국어 독해
수학 계산	수학 계산	수학 계산	수학 계산	수학 계산
전과목 어휘	영단어	전과목 어휘	전과목 어휘	영단어
한국사 독해 인물편	전과목 한자 어휘	한국사 독해 인물편	전과목 한자 어휘	한국사 독해 인물편

01 이준

① 국권 회복에 힘쓰다

글을 읽으면서 중요하다고 생각하는 낱말에 색칠해 보세요.

함경북도에서 태어난 이준은 1895년에 37세의 나이로 ^❶법관 양성소를 졸업하였어요. 졸업 직후에는 한성 재판소에서 검사로 임명되기 전 검사의 일을 돕는 검사보로 관직 생활을 시작하였어요. 하지만 얼마 안 되어 아관 파천이 일어났어요. 아관 파천은 1896년 고종이 일본의 위협을 피해 러시아 공사관으로 옮겨 간 사건을 말해요. 이때 이준은 여러 가지 이유로 ^❷파면되었고, 반대파의 공격을 피해 일본으로 건너가 법학을 공부하였어요.

이후 대한 제국에 돌아온 이준은 독립 협회에 가입하여 연설을 하는 등 적극적으로 활동하였어요. 1904년에는 일본의 황무지 ^❸개간권 요구에 맞섰지요. 일본인들이 황무지를 일구어 대한 제국의 토지를 소유하려고 대한 제국에 황무지 개간권을 요구하였거든요. 이를 막기 위해 국내의 뜻있는 인사들이 보안회라는 단체를 만들었는데, 이준도 여기에 참여한 거예요. 이준과 그의 동지들은 일제의 ^❹강압에도 굴하지 않고 반대 운동을 계속하였어요. 마침내 이들은 일본의 황무지 개간권 요구를 ^❺저지하는 데 성공하였답니다.

❶ 법관: 법원에 소속되어 사건을 조사하고, 분쟁이나 이해의 대립을 법률적으로 해결하고 조정하는 권한을 가진 사람
❷ 파면: 잘못을 저지른 사람에게 직무나 직업을 그만두게 함.
❸ 개간: 거친 땅이나 버려 둔 땅을 일구어 논밭이나 쓸모 있는 땅으로 만듦.
❹ 강압: 강한 힘이나 권력으로 강제로 억누름.
❺ 저지: 막아서 못하게 함.

중심 낱말 찾기
01 다음에서 설명하는 사건을 이 글에서 찾아 쓰세요.

1896년 고종이 일본의 위협을 피해 러시아 공사관으로 옮겨 간 사건이다.

✎ 아관 파천

내용 이해
02 이준에 대한 설명으로 알맞지 <u>않은</u> 것은 무엇인가요? [✎ ⑤]
① 일본에서 공부하였다.
② 독립 협회에 가입하였다.
③ 법관 양성소를 졸업하였다.
④ 보안회의 활동에 참여하였다.
⑤ 일제의 황무지 개간권 요구에 찬성하였다.
도움말 | ⑤ 이준은 일본의 황무지 개간권 요구에 반대하는 운동을 하였어요.

어휘 확인
03 다음 낱말의 뜻을 찾아 선으로 이으세요.

1 개간 ─────┐ ┌─── ㉠ 막아서 못하게 함.

2 저지 ──┐ │ │ ㉡ 잘못을 저지른 사람에게 직무나 직업을 그만두게 함.

3 파면 ──┘   └─── ㉢ 거친 땅이나 버려 둔 땅을 일구어 논밭이나 쓸모 있는 땅으로 만듦.

중심 내용 찾기
04 다음 빈칸을 채워 이 글의 내용을 정리해 보세요.

이준은 법학을 공부하였고, **독 립 협 회**에 가입하여 연설 등의 활동을 하였다. 일본이 대한 제국에 황무지 개간권을 요구하자 이준은 **보 안 회**라는 단체에 참여하여 반대 운동을 함으로써 일본의 요구를 저지하는 데 성공하였다.

② 고종의 특사

1905년 일본이 을사늑약을 강제로 체결하고 대한 제국의 외교권을 ^❻박탈하였어요. 이준은 여러 사람과 함께 을사늑약을 무효로 하자는 상소 운동을 전개하였지요. 그는 상소문을 짓고 일본 경찰과 맞서며 시위운동을 하였어요. 고종도 일본의 침략을 막고 을사늑약의 부당함을 알리고자 하였어요.

이때 네덜란드의 헤이그에서 각국 대표들이 세계 평화에 대해 논의하는 회의가 열린다는 소식이 있었어요. 이준은 고종을 만나 이 평화 회의에 특사를 파견하여 을사늑약이 무효라는 것을 여러 나라에 선언할 것을 제의하였어요. 고종은 이준이 검사 출신으로 법을 잘 알고 있으므로, ^❼특사로서 ^❽적합한 인물이라고 생각하였어요. 그래서 이준을 비밀리에 특사로 임명하였답니다.

이준이 네덜란드 헤이그로 떠나는 길에 이상설과 이위종이 ^❾합류하였어요. 특사들은 을사늑약이 고종의 허가를 받지 못한 불법 조약임을 알리고자 하였지만 러시아의 배신과 일본의 방해로 회의장에 들어가지도 못하였어요. 결국 이들은 회의장 밖에 있던 기자들에게 대한 제국의 독립을 주장하는 ^❿연설을 하였지요. 하지만 그 노력은 끝내 좌절되었답니다.

일본인들의 을사늑약 강요는 비열하며 불법적인 행동입니다!

❻ 박탈: 남의 재물이나 권리, 자격 등을 빼앗음.
❼ 특사: 특별 임무를 띠고 파견하는 사절
❽ 적합: 일이나 조건 등에 꼭 알맞음.
❾ 합류: 일정한 목적을 위하여 다른 사람, 단체, 당파 따위가 하나로 합쳐 행동을 같이함.
❿ 연설: 여러 사람 앞에서 자기의 생각이나 주장을 발표함.

중심 낱말 찾기
05 다음 ㉠, ㉡에 들어갈 낱말을 이 글에서 찾아 각각 쓰세요.

네덜란드의 (㉠   )에서 각국 대표들이 세계 평화를 논의하는 회의가 열렸을 때, 고종은 일본의 침략을 막고 을사늑약의 부당함을 알리고자 (㉡   ), 이상설, 이위종을 비밀리에 특사로 파견하였다.

✎ ㉠ 헤이그   ㉡ 이준

내용 이해
06 다음 사건이 일어난 순서에 맞게 번호를 쓰세요.

2	1	3
고종이 이준을 헤이그에 보낼 특사로 임명하였다.	일본이 을사늑약을 체결하고 대한 제국의 외교권을 박탈하였다.	이준은 네덜란드 헤이그에서 대한 제국의 독립을 주장하는 연설을 하였다.

어휘 확인
07 다음 뜻을 나타내는 낱말을 쓰세요.
1 일이나 조건 등에 꼭 알맞음. **적 합**
2 남의 재물이나 권리, 자격 등을 빼앗음. **박 탈**
3 여러 사람 앞에서 자기의 생각이나 주장을 발표함. **연 설**

내용 추론
08 헤이그 특사 활동의 의의를 바르게 말한 어린이는 누구인지 쓰세요.

다엘 네덜란드 헤이그에서 열린 세계 평화 회의를 방해하였어.
우진 당시 세계에서 일본이 큰 힘을 갖고 있다는 것을 깨닫고 인정하게 되었어.
현서 일본의 침략으로 위기에 빠진 대한 제국의 사정을 전 세계에 알릴 수 있었어.

✎ 현서

도움말 | 헤이그 특사 활동은 일본의 침략으로 위기에 빠진 대한 제국의 사정을 전 세계에 알리는 계기가 되었어요.

02 고종

1 여러 나라에 조선의 문을 열다

글을 읽으면서 중요하다고 생각하는 낱말에 색칠해 보세요.

고종이 즉위하기 전 조선의 왕이었던 철종은 아들 없이 세상을 떠났어요. 그러자 조정에서는 임금의 자리를 이을 왕족을 찾았지요. 이때 사도 세자와 궁녀 사이의 ^①후손이었던 흥선 대원군이 나섰어요. 그는 아들인 고종을 왕으로 만들기 위해 당시 ^②궁중의 최고 어른이었던 신정 왕후와 손을 잡았어요. 그리고 고종을 조선 제26대 왕에 오르게 하였지요. 고종은 당시 12세에 불과하여 신정 왕후가 ^③수렴청정을 하였고, 아버지인 흥선 대원군이 실제 ^④정권을 가졌어요.

고종은 1873년부터 직접 통치를 시작하였어요. 그는 서양과의 교류를 막는 정책을 취하였던 흥선 대원군과는 달리 나라의 문을 열고 외국 문물을 받아들였어요. 1875년에는 일본이 운요호라는 배를 조선에 보내 대포를 쏘며 새로이 ^⑤조약을 맺을 것을 요구하였어요. 고종은 신하들과 회의를 하면서 나라의 문을 열어 선진 문물을 받아들여야 한다는 개화 세력의 의견을 받아들였어요. 그리하여 1876년 일본과 강화도 조약을 맺고 일본에 나라의 문을 열었지요. 이후 고종은 미국을 비롯한 서양의 여러 나라와도 조약을 맺어 나라의 문을 개방하였답니다.

강화도 조약 체결

제○조, 제○조.
조선 조정의 부산과 두 개의 항구를 골라 개항하고 일본인이 지유롭게 왕래하면서 통상할 수 있게 한다.

❶ 후손: 자신의 세대에서 여러 세대가 지난 뒤의 자녀를 통틀어 이르는 말
❷ 궁중: 대궐 안
❸ 수렴청정: 임금이 어린 나이로 즉위하였을 때, 왕대비나 대왕대비가 이를 도와 정사를 돌보던 일
❹ 정권: 정치를 담당하는 권력
❺ 조약: 국가 간의 권리와 의무를 국가 간의 합의에 따라 법적 구속을 받도록 규정하는 행위

중심 낱말 찾기
01 다음에서 설명하는 조약의 이름을 이 글에서 찾아 쓰세요.

1875년 일본이 운요호를 조선에 보내 조약을 맺을 것을 요구하자, 다음 해에 고종이 일본과 맺은 조약이다. 이 조약을 통해 조선은 일본에 나라의 문을 열었다.

✎ 강화도 조약

012쪽
013쪽

내용 이해
02 고종에 대한 설명으로 알맞은 것은 무엇인가요? [✎ ④]
① 수렴청정을 하였다.
② 철종의 아들로 태어났다.
③ 아들 없이 세상을 떠났다.
④ 직접 통치를 시작하면서 외국 문물을 받아들였다.
⑤ 서양과의 교류에 대한 정책은 아버지와 뜻을 같이하였다.
도움말 | 고종은 1873년부터 직접 통치를 시작하면서 나라의 문을 열고 외국 문물을 받아들였어요.

어휘 확인
03 다음 낱말의 뜻을 찾아 선으로 이으세요.

1 정권 • • ㉠ 정치를 담당하는 권력

2 조약 • • ㉡ 국가 간의 권리와 의무를 국가 간의 합의에 따라 법적 구속을 받도록 규정하는 행위

3 수렴청정 • • ㉢ 임금이 어린 나이로 즉위하였을 때, 왕대비나 대왕대비가 이를 도와 정사를 돌보던 일

중심 내용 찾기
04 다음 빈칸을 채워 이 글의 내용을 정리해 보세요.

고종은 아버지인 흥 선 대 원 군 의 노력으로 왕이 되었다. 그는 조선을 직접 통치하면서 외국 문물을 받아들였고, 개화 세력의 의견을 받아들여 일 본 과 강화도 조약을 맺었다.

2 대한 제국을 수립하다

가 고종은 조선의 문을 열고 새 정부 기구를 만들어 외교, 무역 등을 포함한 ^⑥개화 정책을 추진하였어요. 그는 ^⑦신식 군대인 별기군을 만들었고, 외국의 문물을 효과적으로 받아들이기 위해 신하들을 일본, 청, 미국 등지에 보내 보고서를 올리게 하였어요. 한편, 이 시기에 외국의 사상, 문물, 상품 등이 새롭게 들어오면서 피해를 입은 사람들은 개화에 반발하기도 하였답니다.

나 1897년 고종은 나라 이름을 '대한 제국'으로 바꾸고, 땅에 떨어진 국가의 위상을 높이고자 하였어요. 그리하여 고종은 자신을 '황제'라고 칭하였고, 왕이 입던 용의 무늬를 수놓은 옷 대신 서양식 ^⑧제복을 입었어요. 또한 군주권을 높이면서 군사, 경제 등 여러 분야에서 개혁을 실시하였어요.

다 고종의 여러 노력에도 불구하고 대한 제국은 위기를 맞았어요. 1905년에는 일본의 이토 히로부미가 조선을 위협하여 강제로 을사늑약을 체결하였고, 그 결과 대한 제국의 ^⑨외교권이 일본에 넘어갔어요. 고종은 을사늑약의 부당함을 알리고자 1907년 네덜란드 헤이그에 특사를 보냈지요. 그러나 일본은 이 일을 구실 삼아 고종을 황제 자리에서 몰아냈어요. 그리고 1910년 대한 제국은 일본에 ^⑩국권을 빼앗기고 말았답니다.

❻ 개화: 사람의 지혜가 열려 새로운 사상, 문물, 제도 등을 가지게 됨.
❼ 신식: 새로운 방식이나 형식
❽ 제복: 특정한 곳에서 정하여진 규정에 따라 입도록 한 옷
❾ 외교권: 주권 국가로서 다른 나라와 정치적, 경제적, 문화적 관계를 맺는 일을 할 수 있는 권리
❿ 국권: 국가가 행사하는 권력으로 주권과 통치권을 이르는 말

중심 낱말 찾기
05 각 문단의 중심 낱말을 찾아 쓰세요.

가 문단: 개 화 정책을 추진한 고종
나 문단: 대 한 제 국 을 수립한 고종
다 문단: 을 사 늑 약 체결과 빼앗긴 국권

014쪽
015쪽

내용 이해
06 이 글의 내용과 일치하지 않는 것은 무엇인가요? [✎ ⑤]
① 고종은 신식 군대인 별기군을 만들었다.
② 고종은 나라 이름을 대한 제국으로 바꾸었다.
③ 고종의 개화 정책에 반대하는 사람들이 있었다.
④ 대한 제국 시기에 고종은 서양식 제복을 입었다.
⑤ 을사늑약을 체결한 1905년 대한 제국은 일본에 국권을 빼앗겼다.
도움말 | ⑤ 대한 제국이 일본에 국권을 빼앗긴 것은 을사늑약 체결 이후인 1910년이에요.

어휘 확인
07 다음 뜻을 나타내는 낱말을 쓰세요.
1 특정한 곳에서 정하여진 규정에 따라 입도록 한 옷 제 복
2 국가가 행사하는 권력으로 주권과 통치권을 이르는 말 국 권
3 사람의 지혜가 열려 새로운 사상, 문물, 제도 등을 가지게 됨. 개 화

내용 추론
08 고종이 대한 제국을 수립한 의의를 바르게 추론한 어린이는 누구인지 쓰세요.

나연 일본에 빼앗긴 국권을 되찾고자 하였어.
성민 개화에 반발하는 사람들을 처벌하고자 하였어.
준규 군주의 권리를 강화하여 외국 세력을 견제하고자 하였어.

✎ 준규

도움말 | 고종은 대한 제국을 수립하여 군주의 권리를 높이고 개혁을 실시함으로써 외국 세력을 견제하고자 하였어요.

03 안중근

1 항일 의병 활동

글을 읽으면서 중요하다고 생각하는 낱말에 색칠해 보세요.

안중근은 1879년 황해도 해주의 ❶부유한 양반 가문에서 태어났어요. 하지만 7살 때 안중근의 아버지가 갑신정변을 일으킨 개화 세력과 교류하였던 일 때문에 안중근과 그의 가족들은 황해도의 산골로 ❷이사하게 되었어요. 안중근은 할아버지로부터 유학과 역사를 배우며 ❸민족의식을 키웠어요. 그리고 아버지의 영향으로 개화사상을 받아들였지요. 안중근은 산골에서 지내면서 말타기와 활쏘기를 배우고 총 쏘는 법도 익혔어요.

한편, 러일 전쟁에서 승리한 일본은 1905년 대한 제국을 강요하여 을사늑약을 맺었어요. 이로 인해 대한 제국은 외교권을 빼앗겼지요. 일본은 1907년에 대한 제국의 군대도 ❹해산시켰어요. 대한 제국이 위기에 처하자, 안중근은 해외에서 항일 의병 ❺투쟁을 전개하기로 마음먹었어요.

안중근은 러시아 블라디보스토크로 가서 독립운동가들과 함께 의병 부대를 조직하였어요. 그는 의병들을 이끌고 함경도로 가서 일본 군인과 경찰 수십 명을 죽였어요. 하지만 얼마 후 안중근이 이끄는 의병 부대는 일본군의 공격을 받아 크게 패하고 말았답니다.

❶ 부유하다: 재물이 넉넉하다.
❷ 이사: 사는 곳을 다른 데로 옮김.
❸ 민족의식: 자기 민족의 존엄과 권리를 지키고 민족의 단결과 발전을 꾀하려는 집단적 의지나 감정
❹ 해산: 집단, 조직, 단체 등이 해체하여 없어짐. 또는 없어지게 함.
❺ 투쟁: 어떤 대상을 이기거나 극복하기 위한 싸움

중심 낱말 찾기
01 다음에서 설명하는 조약을 이 글에서 찾아 쓰세요.

러일 전쟁에서 승리한 일본이 1905년 대한 제국을 강요하여 맺은 조약이다. 이 조약을 통해 일본은 대한 제국의 외교권을 빼앗았다.

✎ 을사늑약

내용 이해
02 안중근에 대한 설명으로 알맞지 않은 것은 무엇인가요? [✎ ⑤]

① 황해도의 양반 가문에서 태어났다.
② 말타기, 활쏘기, 총 쏘는 법을 익혔다.
③ 할아버지로부터 유학과 역사를 배웠다.
④ 해외에서 항일 의병 투쟁을 전개하였다.
⑤ 그가 이끄는 의병 부대는 모든 전투에서 승리하였다.

도움말 | ⑤ 안중근이 이끄는 의병 부대는 일본군의 공격을 받아 크게 패하였어요.

어휘 확인
03 다음 뜻을 나타내는 낱말을 쓰세요.

❶ 사는 곳을 다른 데로 옮김. 이 사
❷ 어떤 대상을 이기거나 극복하기 위한 싸움 투 쟁
❸ 집단, 조직, 단체 등이 해체하여 없어짐. 또는 없어지게 함. 해 산

중심 내용 찾기
04 다음 빈칸을 채워 이 글의 내용을 정리해 보세요.

안중근은 어린 시절부터 민족의식을 키우고 개 화 사상을 받아들였다. 일본의 침략으로 대한 제국이 위기에 처하자, 러시아 블라디보스토크로 가서 독립운동가들과 함께 항일 의 병 투쟁을 전개하였다.

2 이토 히로부미를 처단하다

㉮ 오늘날 중국의 하얼빈역에는 '안중근 ❶의사 기념관'이 있어요. ㉠이곳에 있는 벽시계는 9시 30분을 가리킨 채 멈춰 있지요. 왜일까요? 그 이유는 1909년 안중근이 행한 ❷의거에서 찾을 수 있답니다.

㉯ 안중근은 1908년 항일 의병 투쟁을 전개하다가 일본군에게 크게 패하였고, 굶주림 속에 길을 헤매다 간신히 연해주로 이동하였어요. 연해주에서 활동하던 안중근은 1909년 11명의 ❸동지들과 비밀 단체를 조직하였어요. 그리고 대한 제국을 침략하는 데 앞장선 인물들을 제거하자고 동지들과 함께 맹세하였지요. 그해 9월 일본의 이토 히로부미가 만주 하얼빈을 방문한다는 소식이 들렸어요. 이토 히로부미는 대한 제국의 외교권을 강제로 빼앗았던 을사늑약을 주도한 인물이에요.

㉰ 1909년 10월 26일 오전 9시 30분 하얼빈역, 이토 히로부미는 안중근이 쏜 총에 맞아 쓰러졌어요. 곧 러시아 헌병들이 안중근을 체포하였지요. 안중근은 일본 검찰관에게 조사를 받으면서 ❹의연한 태도로 이토 히로부미를 죽인 이유를 말하였어요. 하지만 일본은 안중근을 폭력적으로 조사하여 그에게 사형을 ❺선고하였고, 1910년 3월 26일, 안중근은 뤼순 감옥에서 생을 마치게 되었답니다.

조국의 원수!

❶ 의사: 나라와 민족을 위하여 제 몸을 바쳐 일하려는 뜻을 가진 의로운 사람
❷ 의거: 정의를 위하여 개인이나 집단이 의로운 일을 도모함.
❸ 동지: 목적이나 뜻이 서로 같음. 또는 그런 사람
❹ 의연하다: 의지가 굳세어서 끄떡없다.
❺ 선고: 형사 사건을 심사하는 법정에서 재판장이 판결을 알리는 일

중심 낱말 찾기
05 다음에서 설명하는 인물을 이 글에서 찾아 쓰세요.

1905년 대한 제국의 외교권을 빼앗은 을사늑약을 주도한 인물로, 1909년 하얼빈역에서 안중근에 의해 죽임을 당하였다.

✎ 이토 히로부미

내용 이해
06 다음 내용은 이 글의 ㉮~㉰ 문단 중 어느 문단과 관련이 깊은지 쓰세요.

일본 검찰관이 왜 이토 히로부미를 죽였는지 물었다. 그러자 안중근은 "…… 첫째, 명성 황후를 시해한 죄. 둘째, 을사늑약을 강제로 체결한 죄. …… 넷째, 고종 황제를 폐위시킨 죄. 다섯째, 대한 제국의 군대를 해산시킨 죄. ……"라고 대답하였다.

✎ ㉰ 문단

도움말 | 제시된 내용은 안중근이 이토 히로부미를 처단한 뒤 일본 검찰관에게 조사를 받았던 상황이에요.

어휘 확인
07 다음 낱말의 뜻을 찾아 선으로 이으세요.

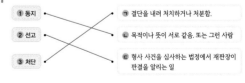

① 동지 — ㉡ 목적이나 뜻이 서로 같음. 또는 그런 사람
② 선고 — ㉢ 형사 사건을 심사하는 법정에서 재판장이 판결을 알리는 일
③ 처단 — ㉠ 결단을 내려 처치하거나 처분함.

내용 추론
08 이 글을 참고하여 ㉠의 이유를 쓰세요.

✎ 안중근이 이토 히로부미를 처단한 의거를 일으킨 시각이 오전 9시 30분이었기 때문이다.

04 김홍집

1 조선의 개화를 이끌다

글을 읽으면서 중요하다고 생각하는 낱말에 색칠해 보세요.

김홍집은 조선 후기에 활동하였던 개화파 중 한 명이에요. 특히 그는 전통적인 사상을 지키면서 [1]서구의 기술을 받아들이자는 입장을 지녔어요. 이러한 입장을 가진 사람들을 온건 개화파라고 해요. 김홍집은 실학자이자 개화 사상가였던 박규수의 [2]문하에서 글을 배웠어요. 그리고 과거에 급제하여 관직에 나아갔지요.

김홍집은 수신사의 일원으로 일본에 방문하였어요. 수신사는 조선 정부가 일본에 보낸 외교 사절단이에요. 김홍집은 일본에서 일행과 함께 일본의 근대화된 모습을 두루 살폈어요. 그리고 일본에서 돌아오면서 황준헌이 쓴 『조선책략』이라는 책을 조선에 가지고 왔어요. 이 책에는 조선이 러시아의 위협으로부터 벗어나기 위해서 미국과 외교 관계를 맺을 것을 권하는 내용이 담겨 있었는데, 고종은 이 책의 내용을 외교 정책에 도입하기로 하였지요. 그러나 이러한 정책은 당시 외국을 [3]경계하던 유생들의 반발을 불러일으키기도 하였답니다.

> 조선은 미국과 연합하여야 한다.

조선은 1882년 서양 국가 중 가장 먼저 미국에 문을 열었는데, 그 [4]물꼬를 튼 사람이 김홍집이었어요. 김홍집이 미국과 조약을 맺는 데에 중요한 역할을 맡은 것이에요. 이뿐만 아니라 김홍집은 이후에 이루어진 외국과의 [5]교섭도 거의 맡아서 진행하였답니다.

① 서구: 서양을 이루는 유럽과 북아메리카를 통틀어 이르는 말
② 문하: 가르침을 받는 스승의 아래
③ 경계: 옳지 않은 일이나 잘못된 일들을 하지 않도록 타일러서 주의하게 함.
④ 물꼬: 논에 물이 넘나들도록 만든 좁은 통로. 어떤 일의 시작을 비유적으로 이르는 말
⑤ 교섭: 어떤 일을 이루기 위하여 서로 의논하고 절충함.

중심 낱말 찾기
01 다음에서 설명하는 책을 이 글에서 찾아 쓰세요.

> 일본에 수신사로 갔던 김홍집이 조선에 들여온 책이다. 조선이 러시아의 위협으로부터 벗어나기 위해 미국과 외교 관계를 맺을 것을 권하는 내용이 담겨 있다.

✎ 『조선책략』

내용 이해
02 김홍집에 대한 설명으로 알맞지 않은 것은 무엇인가요? [✎ ②]
① 온건 개화파에 속하였다.
② 수신사로서 미국에 다녀왔다.
③ 박규수의 문하에서 글을 배웠다.
④ 『조선책략』을 조선에 소개하였다.
⑤ 조선이 미국과 조약을 맺는 데에 중요한 역할을 하였다.
도움말 | ② 김홍집은 수신사로서 일본에 다녀왔어요.

어휘 확인
03 다음 뜻을 나타내는 낱말을 쓰세요.
① 가르침을 받는 스승의 아래 [문] [하]
② 어떤 일을 이루기 위하여 서로 의논하고 절충함. [교] [섭]
③ 옳지 않은 일이나 잘못된 일들을 하지 않도록 타일러서 주의하게 함. [경] [계]

중심 내용 찾기
04 다음 빈칸을 채워 이 글의 내용을 정리해 보세요.

> 조선 후기 개화파였던 김홍집은 [수][신][사]로서 일본에 가서 일본의 근대화된 모습을 살폈다. 그는 1882년 조선이 서양 국가 중 가장 먼저 [미][국]에 문을 열었을 때 중요한 역할을 맡았다.

020쪽 021쪽

2 갑오개혁을 주도하다

김홍집은 1882년 조선이 미국과 조약을 맺고 난 후, 이전에 일본과 체결한 강화도 조약의 문제점을 손보는 일에 참여하였어요. 강화도 조약에는 [6]관세에 관한 규정이 없기 때문에 김홍집은 일본과 관세 문제를 해결하려고 한 것이에요. 그는 미국과 맺은 조약을 근거로 일본을 압박하였어요. 그 결과 1883년 일본과 체결하는 조약에 관세 조항을 포함시킬 수 있었어요. 그러면서 김홍집은 조선의 외교 [7]전문가로 자리 잡아 갔어요.

김홍집은 1894년에 시작된 갑오개혁에서 총괄적인 [8]책임을 맡았어요. 사실 갑오개혁은 일본의 압력에 의해 시작된 개혁이었지요. 일본은 경복궁을 점령한 후 조선이 개화파 정부를 구성하도록 하였고, 조선은 개화파 정부를 중심으로 신분제 폐지를 포함한 개혁을 추진하였어요.

하지만 1895년 을미사변이 일어나고, 이후 [9]단발령까지 실시되자 사람들은 크게 반발하였어요. 을미사변을 처리하는 과정에서 김홍집이 일본의 눈치를 본 일이 문제가 되기도 하였지요. 이러한 상황에서 아관 파천으로 러시아 공사관에 간 고종은 김홍집을 역적으로 [10]선포하였어요. 결국 김홍집은 친일파로 몰려 군중의 손에 죽고 말았답니다.

⑥ 관세: 수출, 수입되거나 통과되는 화물에 대하여 부과되는 세금
⑦ 전문가: 어떤 분야를 연구하거나 그 일에 종사하여 그 분야에 상당한 지식과 경험을 가진 사람
⑧ 책임: 맡아서 해야 할 임무나 의무
⑨ 단발령: 조선 시대에 개혁의 하나로 상투 풍속을 없애고 머리를 짧게 깎도록 한 명령
⑩ 선포: 세상에 널리 알림.

중심 낱말 찾기
05 다음에서 설명하는 개혁을 이 글에서 찾아 쓰세요.

> 1894년에 시작된 개혁으로 김홍집이 총괄적인 책임을 맡았으며, 신분제 폐지 등이 이루어졌다.

✎ 갑오개혁

내용 이해
06 이 글의 내용과 일치하는 것은 무엇인가요? [✎ ④]
① 조선 사람들은 단발령에 찬성하였다.
② 갑오개혁은 미국의 압력에 의해 시작되었다.
③ 강화도 조약에는 관세에 대한 규정이 있었다.
④ 김홍집은 일본과 체결하는 조약에 관세 조항을 포함시켰다.
⑤ 을미사변은 고종이 러시아 공사관으로 거처를 옮긴 사건이다.
도움말 | 김홍집은 1883년 일본과 체결하는 조약에 관세 조항을 포함시켰어요.

어휘 확인
07 다음 문장의 빈칸에 들어갈 낱말을 보기에서 찾아 쓰세요.

> 보기
> 선포   책임   전문가

① 왕은 전쟁을 (선포)하며 적국을 공격하였다.
② 교사는 학생을 지도하고 보호할 (책임)이/가 있다.
③ 그는 컴퓨터에 관해서 (전문가) 못지않은 지식을 가지고 있었다.

내용 추론
08 이 글을 읽고 잘못 추론한 어린이는 누구인지 쓰세요.

> 선미 | 갑오개혁은 실패한 개혁으로 그 의미가 없다고 보아야 해.
> 종혁 | 조선이 갑오개혁을 실시하였을 때 일본의 영향을 많이 받았을 것 같아.
> 세훈 | 김홍집은 조선의 개혁과 개방에 앞장서다가 비극적인 최후를 맞게 되었구나.

✎ 선미

도움말 | 갑오개혁으로 신분제 폐지 등이 이루어졌으므로, 의미가 없다고 볼 수 없어요.

022쪽 023쪽

05 신돌석

1 을미의병에 참여하다

글을 읽으면서 중요하다고 생각하는 낱말에 색칠해 보세요.

일본이 대한 제국으로 침략을 확대해 갈 때 많은 백성들이 의병을 일으켜 나라를 구하고자 하였어요. 그중 신돌석은 평민 출신으로 의병 부대를 이끈 인물이었어요. 신돌석이 평민이었다는 사실은 ⁰일화를 통해 알 수 있어요. 신돌석이 양반처럼 갓을 쓰고 제대로 된 옷을 갖추어 입자, 어떤 사람이 그의 갓을 벗겨 부수었다는 이야기가 전해지거든요. 이러한 ⁰봉변을 당한 일화에서 신돌석이 평민이었다는 것을 짐작해 볼 수 있지요.

대한 제국 시기 러시아와 일본은 대한 제국에서 세력을 확대하려고 경쟁하였어요. 이러한 경쟁에서 불리해진 일본은 1895년 끔찍한 사건을 일으켰지요. 일본 ⁰공사 미우라가 일본인들을 동원하여 궁궐에 침입한 뒤 명성 황후를 ⁰시해한 일이었어요. 이후 상투를 자른다는 단발령까지 나오자, 양반 유생을 중심으로 을미의병이 일어났어요.

신돌석도 19세가 되던 1896년, 고향에서 일어난 의병 운동에 참여하였어요. 신돌석이 포함된 의병 부대는 여러 전투에서 승리를 거두는 성과를 내기도 하였지요. 그러다가 의병장이 죽고 ⁰병력과 무기가 부족해지면서 의병 부대는 해산되었어요.

⁰ 일화: 세상에 널리 알려지지 아니한 흥미 있는 이야기
⁰ 봉변: 뜻밖의 변이나 망신스러운 일을 당함.
⁰ 공사: 국가를 대표하여 파견되는 외교 사절
⁰ 시해: 부모나 임금 등을 죽임.
⁰ 병력: 군대의 인원

01 다음에서 설명하는 명령을 이 글에서 찾아 쓰세요.

1895년 상투를 자르게 한 명령으로, 을미의병이 일어나는 배경이 되었다.

✎ 단발령

02 이 글의 내용과 일치하지 않는 것은 무엇인가요? [✎ ④]

① 신돌석은 평민 출신이었다.
② 신돌석은 의병 운동에 참여하였다.
③ 을미의병은 양반 유생을 중심으로 일어났다.
④ 신돌석이 포함된 의병 부대는 한 번도 승리하지 못하였다.
⑤ 일본이 대한 제국으로 침략을 확대하자 백성들이 의병을 일으켰다.

도움말 | ④ 신돌석이 포함된 의병 부대는 여러 전투에서 승리를 거두었어요.

03 다음 낱말의 뜻을 찾아 선으로 이으세요.

1 봉변 —— ㉠ 부모나 임금 등을 죽임.

2 시해 —— ㉡ 뜻밖의 변이나 망신스러운 일을 당함.

3 일화 —— ㉢ 세상에 널리 알려지지 아니한 흥미 있는 이야기

04 다음 빈칸을 채워 이 글의 내용을 정리해 보세요.

평민 출신이었던 신돌석은 1896년에 고향에서 일어난 의병 운동에 참여하였다. 그가 포함된 의병 부대는 여러 전투에서 승리를 거두다가, 해산되었다.

2 평민 출신 의병장

1905년 일본이 대한 제국의 외교권을 빼앗은 을사늑약이 체결되었어요. 이 소식을 들은 신돌석은 1906년 ⁰의병장이 되어 의병을 일으켰어요. 당시 양반 유생들은 서원이나 ⁰향교 등에서 의병을 일으켰지만, 신돌석은 집 근처에 있는 ⁰주점에서 의병을 일으켰어요. 이때 모여든 의병들은 일부 상인이나 양반 출신도 있었지만 대부분 농민이었어요.

신돌석 부대는 경상북도 울진을 주로 공격하였어요. 그들은 울진에서 일본인이 살던 ⁰가옥을 부수고, 일본인의 돈을 빼앗았지요. 그리고 지방 관아를 공격하여 총과 화약, 탄환 등 무기를 ⁰확보하였어요. 일본군이 신돌석을 잡기 위해 부대를 보내자, 그는 태백산맥에 들어가서 투쟁을 지속하였어요. 신돌석은 부대를 작게 나누어 유격전으로 저항하면서 일본군에게 피해를 입혔어요. 신돌석의 활약에 사람들은 그를 '태백산 호랑이'라는 별명으로 부르기도 하였답니다.

1908년 일본군의 공격으로 더 이상 버티기 어려웠던 신돌석은 부대를 해산하고 만주로 떠날 계획을 세웠어요. 하지만 그는 고향 근처 마을에 들렀다가, 옛 부하의 손에 죽임을 당하고 말았어요. 실로 갑작스러운 죽음이었어요.

⁰ 의병장: 의병을 거느리는 장수
⁰ 향교: 고려 시대와 조선 시대에 지방에 공자를 모신 사당과 그에 속한 관립 학교
⁰ 주점: 술을 파는 집
⁰ 가옥: 사람이 사는 집
⁰ 확보: 확실히 보증하거나 가지고 있음.

05 다음 ㉠, ㉡에 들어갈 낱말을 이 글에서 찾아 각각 쓰세요.

신돌석은 을사늑약 체결의 소식이 들리자 1906년 (㉠   )이 되어 의병을 일으켰다. 이때 모여든 의병들은 대부분 (㉡   )이었다.

✎ ㉠: 의병장 ㉡: 농민

06 이 글을 읽고 알 수 있는 내용으로 알맞지 않은 것은 무엇인가요? [✎ ③]

① 신돌석의 별명
② 신돌석의 신분
③ 만주에 간 신돌석의 활동 내용
④ 신돌석 부대가 주로 공격한 지역
⑤ 일본이 대한 제국의 외교권을 빼앗은 조약의 이름

도움말 | ③ 신돌석은 만주로 떠날 계획을 세웠지만, 옛 부하에게 갑작스럽게 죽임을 당하여서 만주로 가지 못하였어요.

07 다음 문장의 빈칸에 들어갈 낱말을 보기에서 찾아 쓰세요.

보기
주점 확보 의병장

1 (주점)에서 술꾼들의 흥겨운 노랫소리가 들려왔다.
2 전투 중에 (의병장)을/를 잃은 의병들은 뿔뿔이 흩어졌다.
3 검사는 재판에서 이기려면 증거를 충분히 (확보)해야 한다고 하였다.

08 이 글의 중심 내용으로 가장 알맞은 것은 무엇인가요? [✎ ④]

① 일본은 대한 제국의 외교권을 빼앗았다.
② 1905년에 전국에서 의병 운동이 일어났다.
③ 양반 유생들은 서원이나 향교에서 의병을 일으켰다.
④ 신돌석은 평민 출신 의병장으로서 큰 활약을 하였다.
⑤ 일본군의 공격을 피해 많은 의병이 만주로 이동하였다.

06 안창호

1 명연설로 이름을 날리다

글을 읽으면서 중요하다고 생각하는 낱말에 색칠해 보세요.

안창호는 1878년 평안남도에서 가난한 농민의 아들로 태어났어요. 그가 자란 마을은 평양 ●근처에 있었어요. 1894년 청일 전쟁이 벌어졌을 때 평양은 청나라와 일본으로부터 공격을 받아 ●파괴되었고, 조선의 백성들도 피해를 보았지요. 이를 경험한 안창호는 우리가 힘 있는 민족이 되어야 한다고 생각하였고, 그러기 위해 ●신학문을 배우기로 결심하였어요.

안창호는 서울 정동에 있는 구세 학당에서 신학문을 3년간 공부하였어요. 그가 졸업하던 해인 1896년에 독립 협회가 ●설립되자, 안창호는 이곳에 회원으로 가입하였어요. 그리고 1898년, 독립 협회의 주최로 평양에서 열린 만민 공동회의 ●연사로 나서 무능한 관리들을 비판하는 연설을 하여 사람들의 마음을 사로잡았어요.

관리들은 백성에게서 빼앗은 돈으로 놀이만 다니니 이래서야 어디 나라 꼴이 되겠습니까?

1902년 안창호는 나라를 위해 큰 일을 하려면 더 많은 배움이 필요하다는 것을 느끼고 미국 유학길에 올랐어요. 미국으로 가던 중에 안창호는 바다에 산처럼 솟은 하와이를 발견하고, 우뚝 솟은 섬과 같이 나라를 부강하게 일으켜 세우리라는 뜻으로 '도산(島山)'이라는 호를 지었답니다.

- ● 근처: 가까운 곳
- ● 파괴: 때려 부수거나 깨뜨려 헐어 버림.
- ● 신학문: 서양에서 들어온 새 학문을 이르는 말
- ● 설립: 기관이나 조직체 등을 만들어 일으킴.
- ● 연사: 연설하는 사람

중심 낱말 찾기

01 다음에서 설명하는 집회를 이 글에서 찾아 쓰세요.

> 1898년 독립 협회의 주최로 열린 민중 대회를 말한다. 안창호는 이 집회의 연사로 나서 무능한 관리들을 비판하는 연설을 하였다.

✎ 만민 공동회

028쪽 029쪽

내용 이해

02 안창호에 대한 설명으로 알맞지 <u>않은</u> 것은 무엇인가요? [✎ ②]

① 미국에서 유학하였다.
② 신학문을 배척하였다.
③ 평양 근처에서 자랐다.
④ 도산이라는 호를 사용하였다.
⑤ 독립 협회 회원으로 가입하였다.

도움말 | ② 두 번째 문단에 안창호가 구세 학당에서 신학문을 공부한 사실이 나와 있어요.

어휘 확인

03 다음 뜻을 나타내는 낱말을 쓰세요.

❶ 가까운 곳 근처
❷ 때려 부수거나 깨뜨려 헐어 버림. 파괴
❸ 서양에서 들어온 새 학문을 이르는 말 신학문

중심 내용 찾기

04 다음 빈칸을 채워 이 글의 내용을 정리해 보세요.

안창호는 독립 협회 에서 주최한 만민 공동회의 연사로 나서 사람들의 마음을 사로잡았다. 이후 그는 나라를 위해 큰일을 하려면 더 배워야겠다는 생각을 하고 미국 으로 유학을 떠났다.

2 민족의 실력을 키우기 위한 노력

안창호는 미국에서 ●한인의 권리와 민족의식을 높이기 위해 노력하였어요. 그의 뛰어난 ●지도력 덕분에 ●교포들의 삶은 점점 나아졌지요. 그러던 중 대한 제국이 어려움에 처한 소식을 듣고, 안창호는 다시 국내로 들어왔어요. 그리고 1907년 국권을 회복하고 자주 독립국을 세우겠다는 목표를 가지고 동지들과 함께 비밀 단체인 신민회를 만들었답니다. 신민회는 학교, 서점, 도자기 회사 등을 통해 민족의 교육과 산업을 일으키려는 운동을 펼쳤어요.

교육을 받아야 우리나라를 구할 수 있어.

안창호는 1909년 일제에 체포되어 ●고문을 받다가 풀려나자 더는 국내에서 활동할 수 없다고 생각하여 다시 미국으로 건너갔어요. 그리고 미국에 있었던 단체들을 모아 1912년 대한인 국민회를 조직하였어요. 해외 한인들의 권리와 이익을 보호하고 생활을 ●개선하려는 목적이었어요.

미국의 한인 사회에서 지도자로 활동하던 안창호는 1919년 3·1 운동이 일어난 이후 대한민국 임시 정부에서 활동하였어요. 이곳에서 꾸준히 독립을 준비하던 안창호는 일제에 의해 서대문 형무소에 수감되어 건강이 악화되었어요. 그리고 1938년에 눈을 감았지요. 안창호는 죽는 순간까지 민족의 힘을 키우고 잃어버린 나라를 되찾고자 한평생을 바쳤답니다.

- ● 한인: 한국인으로서 외국에 나가 살고 있는 사람을 이르는 말
- ● 지도력: 어떤 목적이나 방향으로 남을 가르쳐 이끌 수 있는 능력
- ● 교포: 다른 나라에 머물러 살며 그 나라 국민으로 살고 있는 동포
- ● 고문: 숨기고 있는 사실을 강제로 알아내기 위하여 육체적·정신적 고통을 주며 캐어물음.
- ● 개선: 잘못된 것이나 부족한 것, 나쁜 것 따위를 고쳐 더 좋게 만듦.

중심 낱말 찾기

05 다음에서 설명하는 단체를 이 글에서 찾아 쓰세요.

> 1907년 안창호가 동지들과 함께 만든 비밀 단체로, 민족의 교육과 산업을 일으키려는 운동을 펼쳤다.

✎ 신민회

030쪽 031쪽

내용 이해

06 이 글의 내용과 일치하면 ○, 일치하지 않으면 ✕에 표시하세요.

❶ 1919년에 3·1 운동이 일어났다. [○/✕]
❷ 안창호는 1907년 비밀 단체인 독립 협회를 만들었다. [○/✕] ← 안창호는 신민회를 만들었어요.
❸ 대한인 국민회는 한인들의 권리와 이익 보호를 위해 조직되었다. [○/✕]

어휘 확인

07 밑줄 친 '고문'이 다음과 같은 뜻으로 사용된 문장이 <u>아닌</u> 것은 무엇인가요? [✎ ⑤]

> 숨기고 있는 사실을 강제로 알아내기 위하여 육체적·정신적 고통을 주며 캐어물음.

① 그는 고문을 받아 몸이 상하였다.
② 그 사람은 심한 고문으로 고통을 당하였다.
③ 일제는 독립운동가를 잡아다가 고문하였다.
④ 우리나라 헌법에 모든 국민은 고문을 받지 않는다고 나온다.
⑤ 아버지는 우리 학교에 법적으로 도움을 주는 고문 변호사이다.

도움말 | ⑤의 '고문'은 어떤 분야에 대하여 전문적인 지식과 풍부한 경험을 가지고 자문에 응하여 의견을 제시하고 조언을 하는 직책을 말해요.

내용 추론

08 다음 빈칸에 들어갈 말로 가장 알맞은 것은 무엇인가요? [✎ ④]

> 안창호 우리 민족이 독립을 이루기 위해서는 _____ 한다.

① 의병을 일으켜야
② 일본과 타협해야
③ 우리 민족끼리 싸워야
④ 민족의 힘과 실력을 키워야
⑤ 다른 나라가 도와주기를 기다려야

도움말 | 안창호는 민족의 교육과 산업을 일으켜 독립을 이루고자 하였어요.

07 이회영

1 근대 사상을 받아들이다

032쪽
033쪽

글을 읽으면서 중요하다고 생각하는 낱말에 색칠해 보세요.

이회영은 1867년 서울의 저동(지금의 명동 일대)에서 태어났어요. 이회영의 집안은 조선 왕조와 대한 제국에서 높은 *벼슬을 *두루 거친 명문가 집안인데다 재산도 매우 많았어요. 부유한 집안에서 태어난 이회영은 별다른 어려움 없이 어린 시절을 보낼 수 있었어요. 다른 양반집 *자제들처럼 과거 시험을 보기 위해 유학도 공부하였지요. 그런데 이회영은 과거 시험에 *합격하여 벼슬을 하는 것보다 다른 공부에 눈을 돌리기 시작하였어요.

청년이 된 이회영은 이시영, 이상설과 같은 친구들과 근대 학문을 공부하였어요. 이들은 전통 학문뿐만 아니라 서양의 역사, 정치, 경제, 법률, 영어, 수학, 과학 등 여러 학문을 공부하였지요. 공부를 하면서 이회영은 조선이 신분 차별이 없는 자유롭고 평등한 근대 사회가 되어야 한다고 생각하였어요. 이회영은 이러한 사회를 만들기 위해 자신부터 *실천하였어요. 그는 집안의 노비를 신분에서 벗어나게 해 주었고, 다른 집의 노비에게도 높임말을 하였지요. 이러한 태도만 보아도 그가 얼마나 자유와 평등사상에 투철하였는지 짐작할 수 있겠지요?

저보다 나이가 많으시니까요.

왜 저 같은 노비에게 존댓말을 하시나요?

① 벼슬: 관아에 나가서 나랏일을 맡아 다스리는 자리
② 두루: 빠짐없이 골고루
③ 자제: 남을 높여 그 집안의 젊은이를 이르는 말
④ 합격: 시험, 검사, 심사 따위에서 일정한 조건을 갖추어 어떠한 자격이나 지위를 얻음.
⑤ 실천: 생각한 바를 실제로 행함.

중심 낱말 찾기
01 다음 ㉠, ㉡에 들어갈 낱말을 이 글에서 찾아 각각 쓰세요.

이회영은 근대 학문을 공부하면서 조선이 (㉠   )롭고 (㉡   )한 근대 사회가 되어야 한다고 생각하였다.

✏️ ㉠ 자유   ㉡ 평등

내용 이해
02 이회영에 대한 설명으로 알맞지 않은 것은 무엇인가요? [✏️ ④]
① 근대 학문을 공부하였다.
② 부유한 집안에서 태어났다.
③ 어린 시절 유학을 공부하였다.
④ 과거 시험에 합격하여 벼슬을 하였다.
⑤ 자신보다 나이가 많은 노비들에게 존댓말을 썼다.
도움말 | ④ 이회영은 과거 시험에 합격하여 벼슬을 하는 것 말고 다른 공부에 눈을 돌렸어요.

어휘 확인
03 다음 낱말의 뜻을 찾아 선으로 이으세요.
1 두루 ──── ㉮ 빠짐없이 골고루
2 실천 ──── ㉯ 생각한 바를 실제로 행함.
3 합격 ──── ㉰ 시험, 검사, 심사 따위에서 일정한 조건을 갖추어 어떠한 자격이나 지위를 얻음.

중심 내용 찾기
04 다음 빈칸을 채워 이 글의 내용을 정리해 보세요.

이회영은 근대 학문을 공부하면서 조선이 신분 차별 이 없는 자유롭고 평등한 근대 사회가 되어야 한다고 생각하였다. 그리하여 그는 집안의 노비 들을 신분에서 벗어나게 해 주었고, 다른 집의 노비에게도 높임말을 썼다.

2 만주에서 독립군을 길러 내다

034쪽
035쪽

1910년 여섯 형제 중 넷째였던 이회영은 형제들과 가족회의를 하였어요. 그는 형제들에게 만주로 가서 독립운동을 하자고 *제안하였지요. 당시는 무력을 앞세운 일본에 우리나라를 빼앗긴 상황이었거든요. 형제들은 모두 이회영의 제안에 *흔쾌히 찬성하였답니다.

우리 만주로 가서 독립운동을 합시다!

이회영은 전 재산을 팔아 독립운동 자금을 마련하였어요. 그리고 가족들과 압록강을 넘어 만주로 가서 삼원보에 정착하였지요. 그곳에서 이회영은 독립운동가들과 함께 한인 자체 단체인 경학사를 설립하고, 그 *부설 기관으로 신흥 강습소를 세웠어요. 후에 신흥 무관 학교로 이름을 바꾼 신흥 강습소는 *독립군을 길러 내기 위한 기관이었어요. 이곳에서 교육과 전술 훈련을 받은 학생들은 훗날 독립군으로 크게 활약하였답니다.

이회영은 지속적으로 독립운동을 펼치다가, 1932년 일본 경찰에게 붙잡혀 감옥에 갔어요. 그곳에서 모진 고문을 받아 65세의 나이로 죽고 말았지요. 그러나 이회영의 형제들은 독립운동을 이어 갔어요. 우리나라의 독립을 위해 전 재산과 목숨까지 바친 이회영과 그의 형제들은 사회적으로 신분이 높은 사람의 도덕적 책임과 *의무를 뜻하는 '노블레스 오블리주'를 실천한 인물들로 여겨지고 있답니다.

⑥ 제안: 안이나 의견으로 내놓음. 또는 그 안이나 의견
⑦ 흔쾌히: 기쁘고 유쾌하게
⑧ 부설: 어떤 기관 따위에 부속시켜 설치함. 또는 그런 시설
⑨ 독립군: 우리나라가 일본에 빼앗긴 국권을 찾기 위해 조직한 군대
⑩ 의무: 사람으로서 마땅히 하여야 할 일

중심 낱말 찾기
05 다음에서 설명하는 지역을 이 글에서 찾아 쓰세요.

이회영이 가족들과 만주로 가서 정착한 곳이다. 이회영은 이곳에 신흥 강습소를 세워 독립군을 길러 냈다.

✏️ 삼원보

내용 이해
06 이 글을 읽고 알 수 있는 내용으로 알맞지 않은 것은 무엇인가요? [✏️ ②]
① 이회영의 형제 수
② 이회영의 어린 시절
③ 이회영이 죽게 된 배경
④ 이회영이 독립운동 자금을 마련한 방법
⑤ 이회영과 독립운동가들이 만주에 세운 무관 학교
도움말 | ② 이 글은 이회영의 어린 시절을 설명하고 있지 않아요.

어휘 확인
07 다음 글에서 밑줄 친 낱말과 뜻이 비슷한 낱말은 무엇인가요? [✏️ ①]

나는 오늘 가족회의에서 제주도로 가족 여행을 떠나면 좋겠다고 제안하였다. 그러자 우리 가족은 모두 나의 의견에 찬성하였다.

① 건의 ② 권장 ③ 반대 ④ 장려 ⑤ 질문
도움말 | '건의'는 개인이나 단체가 의견이나 희망을 내놓는다는 뜻이에요.

내용 추론
08 이회영이 한 일이 가지는 의의로 알맞은 것은 무엇인가요? [✏️ ③]
① 급진적인 개혁을 추진하였다.
② 고종의 마지막 특사로 활동하였다.
③ 노블레스 오블리주를 직접 실천하였다.
④ 의병 운동이 확산하는 데 영향을 주었다.
⑤ 조선이 처음 나라의 문을 여는 것을 주도하였다.

08 주시경

1 우리글과 말을 지키기 위한 노력

글을 읽으면서 중요하다고 생각하는 낱말에 색칠해 보세요.

주시경은 1876년 황해도에서 태어났어요. 주시경의 집이 가난하였기 때문에 그는 큰아버지의 °양자가 되어 서울에서 살게 되었어요. 이곳에서 주시경은 °서당에 들어가 한문을 공부하였어요. 그러나 어려운 한문을 배우는 것에 고민을 품게 되었고, 점차 소리 나는 대로 적을 수 있는 한글에 관심을 가지게 되었지요.

주시경은 1894년에 배재 학당에 들어가서 신학문을 배웠어요. 그는 이곳에서 교사인 서재필을 만났어요. 서재필은 윤치호와 함께 1896년 우리나라 최초의 민간 신문인 독립신문을 창간하였는데요. 주시경은 서재필의 권유로 독립신문의 °한글판을 만드는 데 참여하였고, 독립신문의 기사를 검토하며 °교정하는 일도 맡았지요. 이후 주시경은 동료들과 함께 우리글과 말을 더욱 열심히 연구하였어요.

한글이라서 나도 읽을 수 있군!

주시경은 우리글을 가르치는 데에도 힘을 기울여 서울의 여러 학교에서 국어 강의를 하였어요. 이뿐만 아니라 무료 강습소를 열고, °강연을 다니며 사람들에게 우리글을 가르쳤어요. 사람들은 책이 한가득 있는 보따리를 들고 다니는 주시경의 모습을 보고 그를 주보따리 선생이라고 불렀답니다.

① 양자: 아들이 없는 집에서 대를 잇기 위하여 동성동본 중에서 데려다 기르는 조카뻘 되는 남자아이
② 서당: 예전에, 한문을 사사로이 가르치던 곳
③ 한글판: 한글 활자로 짜서 만든 인쇄판. 또는 한글 활자로 찍어 만든 출판물
④ 교정: 교정지와 원고를 대조하여 잘못된 글자나 틀린 글자의 인쇄 등을 바르게 고침.
⑤ 강연: 일정한 주제에 대하여 청중 앞에서 강의 형식으로 말함.

중심 낱말 찾기
01 다음에서 설명하는 신문을 이 글에서 찾아 쓰세요.

서재필과 윤치호가 1896년에 창간한 우리나라 최초의 민간 신문으로, 주시경이 한글판을 만드는 데 참여하였다.

➜ 독립신문

036쪽 037쪽

내용 이해
02 주시경에 대한 설명으로 알맞지 않은 것은 무엇인가요? [②]
① 주보따리 선생이라고 불렸다.
② 배재 학당에서 서재필을 가르쳤다.
③ 여러 학교에서 국어 강의를 하였다.
④ 서울의 서당에서 한문을 공부하였다.
⑤ 독립신문의 한글판을 만드는 데 참여하였다.
도움말 | ② 서재필이 주시경을 가르쳤어요.

어휘 확인
03 다음 낱말의 뜻을 찾아 선으로 이으세요.
1 강연 ― ㉡ 예전에, 한문을 사사로이 가르치던 곳
2 교정 ― ㉠ 일정한 주제에 대하여 청중 앞에서 강의 형식으로 말함.
3 서당 ― ㉢ 교정지와 원고를 대조하여 잘못된 글자나 틀린 글자의 인쇄 등을 바르게 고침.

중심 내용 찾기
04 다음 빈칸을 채워 이 글의 내용을 정리해 보세요.

주시경은 한문 대신 소리 나는 대로 적을 수 있는 한 글 에 관심을 가졌다. 그는 배재 학당에서 만난 서 재 필 의 권유로 독립신문을 만드는 데 참여하였고, 사람들에게 우리글을 가르쳤다.

2 우리글을 한글이라고 부르다

주시경은 한문으로 된 『월남망국사』라는 책을 한글로 °번역하여 펴냈어요. 이 책은 베트남(월남)이 식민지가 되는 상황을 다룬 책인데요. 베트남의 °망국 과정을 거울로 삼아 일본의 국권 °침탈을 경계하려는 목적으로 번역한 것이지요. 이러한 노력에도 불구하고 1910년 우리나라는 일제의 °식민지가 되었어요. 이후 주시경은 우리글과 말을 지키기 위해 더 많은 노력을 하였답니다. 나라의 바탕을 보존하려면 우리말과 글을 잘 지켜야 한다고 생각하였기 때문이에요.

우리나라를 식민지로 삼은 일제가 우리글을 국어라고 부르지 못하게 하자, 주시경은 우리글에 '한글'이라는 이름을 붙였어요. 한글에는 '크고 바른 글'이라는 의미가 담겨 있어요. 주시경은 자신의 호도 '크고 하얀 샘'이라는 뜻을 담아 '한힌샘'이라는 순 한글로 바꾸었어요. 또한 주시경은 한글 °문법을 체계적으로 정리한 『국어문법』이라는 책을 썼고, 우리나라 최초의 국어사전으로 볼 수 있는 『말모이』를 펴냈어요. 한글의 문법 및 특징에 관한 책인 『말의 소리』도 썼지요.

이렇게 주시경은 한글을 사랑하고 열심히 연구하였어요. 하지만 국내에서 한글을 연구하고 지키는 길은 쉽지 않았지요. 그래서 그는 해외로 망명하기로 결심하였는데, 그 뜻을 이루지 못한 채 젊은 나이에 죽고 말았답니다.

⑥ 번역: 어떤 언어로 된 글을 다른 언어의 글로 옮김.
⑦ 망국: 이미 망하여 없어진 나라. 혹은 나라를 망침.
⑧ 침탈: 침범하여 빼앗음.
⑨ 식민지: 정치적·경제적으로 다른 나라에 예속되어 국가로서의 주권을 상실한 나라
⑩ 문법: 말의 구성 및 말을 사용하는 규칙. 또는 그것을 연구하는 학문

중심 낱말 찾기
05 다음 빈칸에 공통으로 들어갈 낱말을 이 글에서 찾아 쓰세요.

주시경은 일제가 국어라는 말을 쓰지 못하게 하자 우리글에 ( )이라는 이름을 붙였다. 자신의 호도 '한힌샘'이라는 순 ( )로 바꾸었다.

➜ 한글

038쪽 039쪽

내용 이해
06 이 글의 내용과 일치하지 않는 것은 무엇인가요? [③]
① 우리나라는 일제의 식민지가 되었다.
② 주시경은 해외로 망명하기로 결심하였다.
③ 주시경은 『월남망국사』를 한문으로 번역하였다.
④ 『국어문법』은 한글 문법을 체계적으로 정리한 책이다.
⑤ 『말모이』는 우리나라 최초의 국어사전으로 볼 수 있다.
도움말 | ③ 주시경은 한문으로 된 『월남망국사』를 한글로 번역하여 펴냈어요.

어휘 확인
07 다음 문장의 빈칸에 들어갈 낱말을 보기에서 찾아 쓰세요.

보기: 문법   번역   침탈

1 수업 시간에 국어 (문법)을 배웠다.
2 이 책은 10여 개의 언어로 (번역)되었다.
3 일제 강점기에 우리나라는 일제의 경제적 (침탈)에 대항하였다.

내용 추론
08 이 글을 읽고 주시경에 대해 바르게 말한 어린이는 누구인지 쓰세요.

다인: 베트남의 망국사를 책으로 쓴 주시경이 참 대단해.
래현: 주시경은 우리글의 가치를 일찍부터 알고 연구하였어.
은진: 주시경은 젊은 나이에 죽어서 한글 연구에 도움이 되지 못하였어.

➜ 래현

09 신채호

|시대| 조선 시대~일제 강점기

1 민족 운동에 관심을 가지다

040쪽
041쪽

글을 읽으면서 중요하다고 생각하는 낱말에 색칠해 보세요.

신채호는 1880년 충청도에서 태어나, 가난한 집안에서 할아버지의 보살핌을 받으며 자랐어요. 신채호는 열심히 공부하여 1898년 조선 최고의 교육 기관인 °성균관에 입학하였어요. 그리고 독립 협회에 가입하여 만민 공동회에 참여하였지요. 이 과정에서 신채호는 개화사상을 접할 수 있었어요.

1905년 신채호는 성균관 박사가 되었어요. 하지만 나라가 어려운 상황에서 나라를 구하는 일이 먼저라고 생각하여 관직에 나아갈 뜻을 버렸어요. 신채호는 황성신문 사장의 °초청으로 황성신문의 기자가 되어 일본의 침략으로부터 나라를 지켜야 한다거나, 백성들은 배워서 알아야 한다는 내용의 글을 썼어요. 이러한 글은 당시 사람들에게 많은 희망을 주었답니다.

한편, ㉠ 신채호는 역사적 영웅들의 이야기를 쓰는 데도 힘을 기울였어요. 그는 고구려의 을지문덕과 같은 °영웅이 나타나기를 바라는 마음으로 『을지문덕전』을 °저술하고, 조선의 이순신, 고구려의 광개토 대왕 등 우리나라 역사 영웅들의 °일대기를 썼어요. 이를 통해 사람들에게 힘과 용기를 주고자 하였답니다.

을지문덕과 같은 영웅이 나와야 해.

① 성균관: 조선 시대에 유학의 교육을 맡아보던 관아
② 초청: 사람을 청하여 부름.
③ 영웅: 지혜와 재능이 뛰어나고 용맹하여 보통 사람이 하기 어려운 일을 해내는 사람
④ 저술: 글이나 책 따위를 씀. 또는 그 글이나 책
⑤ 일대기: 어느 한 사람의 일생에 관한 내용을 적은 기록

중심 낱말 찾기
01 다음에서 설명하는 기관을 이 글에서 찾아 쓰세요.

조선 최고의 교육 기관으로 유학의 교육을 맡아보던 관아이다.

성균관

내용 이해
02 신채호에 대한 설명으로 알맞지 않은 것은 무엇인가요? [①]
① 관직에 나아갔다.
② 성균관에 입학하였다.
③ 황성신문에 글을 썼다.
④ 독립 협회에 가입하였다.
⑤ 『을지문덕전』을 저술하였다.
도움말| ① 신채호는 성균관 박사가 되었으나, 관직에 나아갈 뜻을 버렸어요.

어휘 확인
03 다음 낱말의 뜻을 찾아 선으로 이으세요.
1 저술 — ㉡ 글이나 책 따위를 씀. 또는 그 글이나 책
2 초청 — ㉠ 사람을 청하여 부름.
3 일대기 — ㉢ 어느 한 사람의 일생에 관한 내용을 적은 기록

내용 추론
04 이 글을 바탕으로 ㉠의 이유를 추측하여 쓰세요.
신채호는 영웅이 나타나 나라를 되찾을 수 있기를 바라는 마음과 사람들에게 힘과 용기를 주기 위한 마음에서 역사적 영웅들의 일대기를 썼다.

2 사람들의 애국심을 일깨우다

042쪽
043쪽

1905년 대한 제국의 외교권을 빼앗은 일본은 우리나라를 지배하려는 일을 °정당화하려고 하였어요. 그래서 일본 학자들에게 우리나라의 역사를 °왜곡하여 쓰게 하였어요. 신채호는 사람들이 우리의 역사를 올바르게 알아야 애국심을 가질 수 있다고 생각하였어요. 그래서 역사를 읽는 방법을 제시한 『독사신론』을 대한매일신보에 °연재하였어요. 신채호는 『독사신론』에서 역사 교육의 중요성을 강조하였고, 사람들이 잘못 알고 있던 역사를 바로잡아 주었답니다.

신채호는 독립운동에 대한 탄압이 심해지자, 중국으로 °망명을 떠나 독립운동을 전개하였어요. 1922년에는 김원봉의 부탁으로 『조선혁명선언』을 작성하였어요. 이는 의열단이 독립운동의 기준으로 삼은 선언문으로, 단원들의 독립운동에 힘을 북돋워 주었지요. 그리고 1924년에는 틈틈이 우리 역사를 연구한 내용을 정리하여 『조선사』를 펴내기도 하였어요.

신채호는 꾸준히 독립운동을 하다가 일본 경찰에 붙잡혀 감옥에 갇히고 말았어요. 그러자 그의 동지들이 신채호가 쓴 글을 묶어서 『조선사연구초』로 출판하였는데, 이는 많은 사람의 애국심을 °고취해 주었답니다.

⑥ 정당화: 정당성이 없거나 정당성에 의문이 있는 것을 무엇으로 둘러대어 정당한 것으로 만듦.
⑦ 왜곡: 사실과 다르게 해석하거나 그릇되게 함.
⑧ 연재: 신문이나 잡지 등에 긴 글이나 만화 등을 여러 차례로 나누어서 계속하여 실음.
⑨ 망명: 여러 이유로 자기 나라에서 박해를 받는 사람이 이를 피하기 위하여 외국으로 몸을 옮김.
⑩ 고취: 의견이나 사상 따위를 열렬히 주장하여 불어넣음.

중심 낱말 찾기
05 다음에서 설명하는 글은 무엇인지 이 글에서 찾아 쓰세요.

1922년 신채호가 김원봉의 부탁을 받아 쓴 것으로, 의열단이 독립운동 기준으로 삼은 선언문이다.

『조선혁명선언』

내용 이해
06 다음 중 신채호의 저술로 알맞지 않은 것은 무엇인가요? [②]
① 『조선사』 ② 『국어문법』
③ 『독사신론』 ④ 『조선사연구초』
⑤ 『조선혁명선언』
도움말| ② 『국어문법』은 주시경이 쓴 책이에요.

어휘 확인
07 다음 문장의 빈칸에 들어갈 낱말을 보기에서 찾아 쓰세요.

보기
연재 왜곡 정당화

① 폭력은 어떤 이유로도 (정당화)될 수 없다.
② 그는 사실을 (왜곡)한 신문 기사의 내용을 바로잡았다.
③ 잡지에 1년 동안 실렸던 만화가 갑자기 (연재)을/를 중단하였다.

중심 내용 찾기
08 다음 빈칸을 채워 이 글의 내용을 정리해 보세요.

신채호는 역사를 읽는 방법을 제시한 독사신론을 써서 사람들이 우리 역사를 올바르게 알도록 하였다. 또한 의열단의 선언문인 『조선혁명선언』을 작성하였으며, 『조선사』, 『조선사연구초』 등의 책을 남겨 사람들의 애국심을 고취시켜 주었다.

10 윤희순

1 「안사람 의병가」를 짓다

글을 읽으면서 중요하다고 생각하는 낱말에 색칠해 보세요.

아무리 ①왜놈들이 강성한들 / 우리들도 뭉치면 왜놈 잡기 쉬울 새라. / 아무리 여자인들 나라 사랑 모를소냐. / 아무리 남녀가 ②유별한들 나라 없이 소용 있나. / 우리도 나가 의병 하러 나가 보세. / 의병대를 도와 주세 …….

우리 의병 도와주세!

이 노래는 윤희순이 지은 「안사람 의병가」의 일부예요. 윤희순은 여성의 의병 참여를 ④북돋워 주는 노래들을 많이 만들었어요.

1895년 조선의 왕비인 명성 황후가 죽임을 당하는 을미사변이 일어나자 이에 반발하여 곳곳에서 의병이 일어났지요. 윤희순이 사는 춘천에서도 의병들이 활동하였는데, 그의 시아버지인 유홍석도 의병에 참여하였어요. 여성의 몸이지만 윤희순도 가만히 보고만 있지는 않았어요. 윤희순은 다른 지역에서 온 의병에게 식사를 마련해 주었어요. 그리고 마을의 ⑤부녀자들을 모아 나라를 구하는 데에 남녀가 따로 없다며 의병을 돕자는 연설을 하였어요. 이때 윤희순은 「안사람 의병가」를 지어 부녀자들이 함께 부르게 하였어요. 이 노래가 마을 안팎으로 퍼져 나가면서 마을의 부녀자들로만 이루어진 '안사람 의병대'가 조직되기도 하였답니다.

① 왜놈: 일본 사람, 특히 일본 남자를 낮잡아 이르는 말
② 유별: 다름이 있음.
③ 안사람: '아내'를 예사롭게 또는 낮추어 이르는 말
④ 북돋우다: 기운이나 정신 따위를 더욱 높여 주다.
⑤ 부녀자: 결혼한 여자와 성숙한 여자를 통틀어 이르는 말

044쪽 045쪽

중심 낱말 찾기
01 다음 빈칸에 공통으로 들어갈 낱말을 이 글에서 찾아 쓰세요.

1895년 을미사변에 반발하여 곳곳에서 (   )이 일어났는데, 윤희순이 사는 곳에서도 (   )이 활동하였다. 이를 가만히 보고만 있지 않았던 윤희순은 마을의 부녀자들을 모아 (   )을 돕자는 연설을 하였다.

✎ 의병

내용 이해
02 이 글의 내용과 일치하면 ○, 일치하지 않으면 ✕에 표시하세요.

① 윤희순은 의병 활동에 반대하였다. [○ / ✕] → 윤희순은 의병을 돕자고 하였어요.
② 윤희순은 「안사람 의병가」라는 노래를 지었다. [○ / ✕]
③ 을미사변 이후 부녀자들로 이루어진 안사람 의병대가 조직되었다. [○ / ✕]

어휘 확인
03 다음 뜻을 나타내는 낱말을 쓰세요.

① 다름이 있음. 유 별
② '아내'를 예사롭게 또는 낮추어 이르는 말 안 사 람
③ 결혼한 여자와 성숙한 여자를 통틀어 이르는 말 부 녀 자

중심 내용 찾기
04 다음 빈칸을 채워 이 글의 내용을 정리해 보세요.

1895년 을미사변이 일어나자 이에 반발하여 윤희순의 시아버지인 유홍석은 의병에 참여하였고, 윤희순은 안 사 람 의 병 가 라는 노래를 지어 여 성 의 의병 참여를 북돋웠다.

2 여성으로서 앞장선 의병 활동

일제는 1905년 을사늑약을 강요하여 우리나라의 외교권을 빼앗았어요. 2년 뒤에는 고종을 ⑥폐위시키고 대한 제국의 군대까지 해산시켰어요. 그러자 해산된 군인까지 ⑦참여하여 의병이 일어났어요. 윤희순은 여자 의병을 ⑧모집하였고, 남자와 같은 차림을 하여 시아버지인 유홍석과 함께 의병 활동을 하였어요.

1910년 일본에 국권을 빼앗긴 후 윤희순의 가족은 중국으로 갔어요. 중국 만주에서 윤희순의 시아버지와 남편은 의병을 모아 조직하였고, 윤희순은 여성들과 함께 식량을 마련하였어요. 밤에는 몰래 군사 훈련도 하였고요.

그러던 중 윤희순의 시아버지가 죽고, 남편도 일본 경찰에게 잡혀 고문을 받다가 죽고 말았어요. 홀로 남은 윤희순은 ⑨시련을 극복하고 독립운동가를 양성하는 데 힘을 쏟았어요. 그녀는 독립군 부대를 도울 뿐 아니라 부녀자들을 모아 훈련하며 일본군 부대를 공격하기도 하였답니다.

1935년 윤희순의 아들도 독립운동을 하다가 일본 경찰에게 잡혀 모진 고문을 받고 세상을 떠났어요. 얼마 후 윤희순도 ⑩일생을 마치게 되었지요. 윤희순은 죽음을 앞두고 『일생록』을 남겨, 3대가 나라의 독립을 위해 애쓴 정신을 자손에게 전하고자 하였답니다.

⑥ 폐위: 왕이나 왕비 등의 자리에서 물러나게 함.
⑦ 참여: 어떤 일에 끼어들어 관계함.
⑧ 모집: 사람이나 작품, 물품 등을 일정한 조건 아래 널리 알려 뽑아 모음.
⑨ 시련: 겪기 어려운 단련이나 고비
⑩ 일생: 세상에 태어나서 죽을 때까지의 동안

046쪽 047쪽

중심 낱말 찾기
05 다음 빈칸에 들어갈 인물을 이 글에서 찾아 쓰세요.

일제가 1907년 (   )을 폐위시키고 대한 제국의 군대까지 해산시키자, 의병이 일어났다.

✎ 고종

내용 이해
06 윤희순이 『일생록』을 쓴 까닭으로 알맞은 것은 무엇인가요? [✎ ⑤]

① 여자 의병을 모집하기 위해서
② 중국으로 망명을 가기 위해서
③ 만주에서 의병을 모으고 조직하기 위해서
④ 폐위된 고종을 다시 왕위에 오르게 하기 위해서
⑤ 3대가 독립을 위해 애쓴 정신을 자손에게 전하기 위해서

도움말 | 윤희순은 3대가 나라의 독립을 위해 애쓴 정신을 자손에게 전하고자 『일생록』을 썼어요.

어휘 확인
07 다음 문장의 빈칸에 들어갈 낱말을 보기에서 찾아 쓰세요.

보기
모집   참여   폐위

① 홍보가 부족하여 사람들의 (참여)이/가 매우 적었다.
② 회사는 사내 게시판에 직원을 (모집)한다는 공고를 냈다.
③ 소수의 신하들이 비밀리에 왕의 (폐위)을/를 꾸미고 있었다.

내용 추론
08 이 글을 읽고 윤희순에 대해 잘못 추론한 어린이는 누구인지 쓰세요.

나래   나라를 구하는 길에는 여러 가지 방법이 있다고 생각하였을 거야.
민규   여성이기 때문에 의병 활동에는 참여할 수 없다고 생각하였을 거야.
정민   나라를 구하는 데에는 남녀의 구별이 있을 수 없다고 생각하였을 거야.

✎ 민규

도움말 | 윤희순은 의병 활동을 비롯하여 여러 가지 방법으로 독립운동을 전개하였어요.

11 유관순

① 3·1 운동에서 독립을 외치다

글을 읽으면서 중요하다고 생각하는 낱말에 색칠해 보세요.

유관순은 1902년 충청남도 목천군에서 부모님의 둘째 딸로 태어났어요. 아버지는 학교를 세워 인재를 양성하고자 노력하였고, 어머니도 새로운 교육에 ①관심이 많았답니다.

유관순은 교육에 적극적이었던 부모님 덕에 여성임에도 제대로 된 교육을 받을 수 있었어요. 그녀는 15살 때 선교사의 추천을 받아 이화 학당에 ②입학하였고, 이곳에서 신학문을 배워 나갔어요.

당시에 우리나라의 국권을 빼앗은 일제는 ③무자비한 통치를 이어 오고 있었어요. 그러던 중 1919년 1월 고종이 ④서거하였어요. 학교는 휴교에 들어갔고, 학생들은 만세를 부르기로 ⑤결의하였지요. 고종의 장례식 이틀 전인 1919년 3월 1일, 민족 대표들이 독립 선언문을 발표하였고, 탑골 공원에서는 독립 선언식이 이루어졌어요. 그리고 사람들은 태극기를 꺼내 대한 독립 만세를 외쳤답니다. 이때 유관순도 친구들과 ⑥결사대를 만들고 3·1 운동에 참여하였어요.

대한 독립 만세!

① 관심: 어떤 것에 마음이 끌려 주의를 기울임. 또는 그런 마음이나 주의
② 입학: 학생이 되어 공부하기 위해 학교에 들어감. 또는 학교를 들어감.
③ 무자비: 인정이 없이 냉혹하고 모질.
④ 서거: 죽어서 세상을 떠남.
⑤ 결의: 뜻을 정하여 굳게 마음을 먹음. 또는 그런 마음
⑥ 결사대: 죽기를 각오하고 있는 힘을 다할 것을 결심한 사람으로 이루어진 부대나 무리

01 다음에서 설명하는 운동을 이 글에서 찾아 쓰세요.

1919년 3월 1일, 민족 대표들이 독립 선언문을 발표하고 탑골 공원에서 독립 선언식이 이루어지면서 시작된 독립운동이다. 유관순도 친구들과 결사대를 만들어 참여하였다.

✎ 3·1 운동

02 유관순에 대한 설명으로 알맞지 <u>않은</u> 것은 무엇인가요? [✎ ④]

① 충청남도에서 태어났다.
② 이화 학당에서 공부하였다.
③ 서울에서 친구들과 결사대를 만들었다.
④ 부모님이 교육을 중요하게 생각하지 않았다.
⑤ 고종의 장례식 이틀 전에 시작된 만세 운동에 참여하였다.

도움말 | ④ 유관순의 부모님은 교육에 관심이 많고 적극적이었어요. 그래서 유관순도 제대로 된 교육을 받을 수 있었어요.

03 다음 문장의 빈칸에 들어갈 낱말을 보기에서 찾아 쓰세요.

보기
결의   서거   입학

① 대학교에 (입학)하기 위해 시험을 보았다.
② 할머니의 (서거) 소식에 눈물이 와락 쏟아졌다.
③ 나는 시험에 꼭 합격하겠다는 (결의)을/를 굳게 다졌다.

04 다음 빈칸을 채워 이 글의 내용을 정리해 보세요.

유관순은 15살 때 이 화 학 당 에 입학하여 공부하였고, 고종의 장례식 이틀 전인 1919년 3 월 1 일에 대한 독립 만세를 외치는 만세 운동에 참여하였다.

② 아우내 장터에서 벌인 만세 운동

1919년 3월 1일에 전개된 만세 운동 이후에도 학생들이 만세 시위에 참여하려고 하자 이화 학당은 문을 닫아버렸어요. 학교가 휴교하자 유관순은 ⑦고향으로 내려가 그곳에서 사람들과 만세 시위를 준비하였어요.

1919년 4월 1일 천안의 병천 아우내 ⑧장터에 장이 서는 날, 각지의 장사꾼들이 북적이자 장사꾼을 가장하여 남녀 모두가 흰옷을 입고 대한 독립 만세를 외쳤어요. 시위 ⑨행렬은 오직 대한 독립 만세만을 크게 외칠 뿐 조금도 흐트러지지 않고 평화 시위를 이어 갔어요. 하지만 일본 헌병은 평화 시위를 무자비하게 공격하여 많은 사람이 죽거나 다치게 하였어요. 이때 유관순의 부모님도 죽임을 당하였고, 유관순은 일본 헌병에게 체포되고 말았답니다.

유관순은 재판을 받고 1년 6개월 동안 서대문 형무소에 갇히게 되었어요. 하지만 그녀는 좌절하지 않고 감옥에서도 만세를 불렀어요. 3·1 운동이 일어난 지 1주년이 되는 날에는 서대문 형무소 밖까지 들리도록 '대한 독립 만세'를 외쳤지요. 이 때문에 유관순은 지하 ⑩독방에 갇혀 심한 고문을 받았고, 그로 인해 병을 얻고 말았어요. 결국 유관순은 1920년 9월 감옥 안에서 꽃다운 나이에 생을 ⑪마감하였답니다.

대한 독립 만세

⑦ 고향: 자기가 태어나서 자란 곳
⑧ 장터: 장이 서는 터
⑨ 행렬: 여럿이 줄지어 감. 또는 그런 줄
⑩ 독방: 죄수 한 사람만을 가두는 감방
⑪ 마감: 하던 일을 마물러서 끝냄. 또는 그런 때

05 다음 ㉠, ㉡에 들어갈 낱말을 이 글에서 찾아 각각 쓰세요.

1919년 4월 1일 천안의 병천 (㉠   ) 장터에서 사람들이 대한 독립 만세를 외치자, 일본 (㉡   )이 이들을 무자비하게 공격하였다.

✎ ㉠ 아우내   ㉡ 헌병

06 이 글의 내용과 일치하는 것은 무엇인가요? [✎ ⑤]

① 이화 학당은 만세 운동에 앞장섰다.
② 유관순은 중국에 있는 감옥에 갇혔다.
③ 일본 헌병은 시위하는 사람들을 보호하였다.
④ 유관순과 그녀의 부모님은 감옥에서 함께 만세를 외쳤다.
⑤ 아우내 장터에서 일어난 만세 시위 때 사람들은 평화 시위를 전개하였다.

도움말 | 아우내 장터에서 전개된 만세 시위 행렬은 평화 시위를 이어 갔어요.

07 다음 낱말의 뜻을 찾아 선으로 이으세요.

① 고향 • — ㉠ 장이 서는 터
② 독방 • — ㉡ 자기가 태어나서 자란 곳
③ 장터 • — ㉢ 죄수 한 사람만을 가두는 감방

08 이 글을 읽고 3·1 운동에 대해 바르게 말한 어린이는 누구인지 쓰세요.

수진 일본 헌병의 호응을 얻었을 거야.
예영 남녀노소 모두가 참여한 민족 운동이었을 거야.
정훈 일본으로부터 우리나라의 국권을 되찾는 결과를 가져왔을 거야.

✎ 예영

도움말 | 3·1 운동에는 남녀, 학생과 어른 모두 참여하였어요.

12 남자현

|시대| 조선 시대~일제 강점기

1 만주로 건너가다

글을 읽으면서 중요하다고 생각하는 낱말에 색칠해 보세요.

남자현은 1872년 경상북도 안동에서 태어났어요. 그녀는 어려서부터 아버지에게 공부를 배운 덕에 일찍 한글과 한문을 깨치고, 유학 공부를 하였어요. 그리고 19세가 되던 해에 김영주와 결혼을 하였답니다. 그러던 중 1895년 일본이 조선의 왕비를 살해한 을미사변이 일어났어요. 이 사건에 분노한 ①유생들을 중심으로 전국에서 을미의병이 일어났지요. 남자현의 남편도 의병을 일으켜 일본군과 싸우다가 죽고 말았어요. 이때 남자현의 나이는 25살이었고, 배 속에는 아이도 있었답니다.

남편이 죽은 후 남자현은 ②시부모님을 정성껏 모셔 ③효부상을 받기도 하였어요. 한편 남자현은 남편의 원수를 갚는 일이 아내의 ④도리이며, 그 길이 곧 나라를 구하는 일이라고 믿고 독립운동에도 관심을 가졌어요.

남자현의 남편이 죽은 지 20여 년이 지난 1919년 3월 1일, 3·1 운동이 일어났어요. 그녀는 독립 ⑤선언서를 나누어 주는 등 이 운동에 적극적으로 참여하였지요. 여기에 그치지 않고 남자현은 일본에 맞서 남편의 원수를 갚고 나라를 지키기 위해 압록강을 건너 만주로 갔답니다. 그녀의 나이 48세 때의 일이었어요.

朝鮮獨立願
조선의 독립을 원한다

① 유생: 유학을 공부하는 선비
② 시부모: 시아버지와 시어머니를 아울러 이르는 말
③ 효부상: 시부모를 잘 섬기는 며느리를 기리어 주는 상
④ 도리: 사람이 어떤 입장에서 마땅히 행하여야 할 바른길
⑤ 선언서: 어떤 일을 선언하는 내용을 적은 글이나 문서

중심 낱말 찾기

01 다음에서 설명하는 의병을 이 글에서 찾아 쓰세요.

을미사변에 분노한 유생들을 중심으로 전국에서 일어난 의병이다.

✎ 을미의병

내용 이해

02 남자현에 대한 설명으로 알맞지 <u>않은</u> 것은 무엇인가요? [✎ ②]

① 남편이 의병을 일으켰다.
② 48세의 나이에 미국으로 건너갔다.
③ 3·1 운동 때 독립 선언서를 나누어 주었다.
④ 시부모님을 정성껏 모셔서 효부상을 받았다.
⑤ 남편의 원수를 갚는 것이 나라를 구하는 일이라고 믿었다.

도움말 | ② 남자현은 독립운동을 위해 48세의 나이에 압록강을 건너 만주로 갔어요.

어휘 확인

03 다음 낱말의 뜻을 찾아 선으로 이으세요.

1 도리 — ㉢ 유학을 공부하는 선비
2 유생 — ㉡ 어떤 일을 선언하는 내용을 적은 글이나 문서
3 선언서 — ㉢ 사람이 어떤 입장에서 마땅히 행하여야 할 바른길

중심 내용 찾기

04 다음 빈칸을 채워 이 글의 내용을 정리해 보세요.

남자현은 일본에 맞서 의병 활동을 하다 죽은 남편의 원수를 갚는 일이 아내의 도리이자 나 라 를 구하는 일이라고 믿었다. 그녀는 3·1 운동 때 독 립 선언서를 나누어 주었고, 나라를 지키기 위해 48세의 나이에 만 주 로 갔다.

052쪽
053쪽

2 독립군의 어머니로 불리다

남자현이 건너간 만주에서는 3·1 운동 이후 여러 독립군 단체가 만들어졌어요. 남자현은 서로 군정서라는 독립군 부대에 ①가입하여 유일한 여성 대원으로 활동하였어요. 남자현은 다친 독립군들을 치료해 주고, 일본군에게 쫓기는 독립군을 숨겨 주었어요. 그런 그녀를 사람들은 '독립군의 어머니'라고 불렀지요.

남자현은 독립군 단체들의 통합 운동에도 힘을 기울였어요. 1923년 만주의 독립운동 세력이 서로 생각이 달라 갈등을 빚자 두 차례나 자신의 손가락을 잘라 그 피로 ②단결을 호소하였지요. 1925년에는 조선 총독을 암살하기 위해 국내에 들어왔으나 ③미수에 그치고 다시 만주로 돌아갔어요. 1932년에는 외국 조사단에게 조선의 독립을 호소하기 위해 ④혈서를 보내기도 하였답니다.

독립을 위해 끊임없이 애쓰던 남자현은 만주국의 일본 대사를 없앨 계획을 세우다가 일본 경찰에 ⑤체포되고 말았어요. 그녀는 감옥에서 단식으로 일제에 저항하다가 목숨이 위태로워지자 풀려났어요. 그리고 얼마 안 되어 62세의 나이에 숨을 거두었지요. 남자현은 자신의 돈을 조선이 독립하는 날 독립 축하금으로 바치라는 유언을 남길 정도로 죽는 날까지 우리나라의 독립을 간절하게 바랐답니다.

① 가입: 조직이나 단체 등에 들어감.
② 단결: 많은 사람이 마음과 힘을 한데 뭉침.
③ 미수: 목적한 바를 시도하였으나 이루지 못함.
④ 혈서: 제 몸의 피를 내어 자기의 결심, 맹세 따위를 글로 씀. 또는 그 글
⑤ 체포: 형법에서, 사람의 신체에 대하여 직접적이고 현실적인 구속을 가하여 행동의 자유를 빼앗는 일

중심 낱말 찾기

05 다음 빈칸에 들어갈 부대를 이 글에서 찾아 쓰세요.

만주에 간 남자현은 ( )라는 독립군 부대에 가입하여 유일한 여성 대원으로 활동하였다.

✎ 서로 군정서

내용 이해

06 이 글을 읽고 알 수 있는 내용으로 알맞지 <u>않은</u> 것은 무엇인가요? [✎ ⑤]

① 남자현이 숨을 거둔 나이
② 남자현이 가입한 독립군 부대
③ 남자현이 감옥에서 풀려난 까닭
④ 남자현이 1925년에 국내로 들어온 이유
⑤ 우리나라가 독립하였을 때 남자현이 한 말

도움말 | ⑤ 남자현은 우리나라의 독립을 보지 못하고 숨을 거두었어요.

어휘 확인

07 다음 문장의 빈칸에 들어갈 낱말을 <보기>에서 찾아 쓰세요.

보기
가입   단결   체포

① 경찰이 범인을 현장에서 (체포)하였다.
② 우리와 같이 활동을 하고 싶으면 동아리에 (가입)해야 합니다.
③ 그들은 시련이 커질수록 더욱 (단결)하여 어려움을 이겨 나갔다.

내용 추론

08 남자현이 다음과 같이 불린 이유를 이 글을 바탕으로 쓰세요.

남자현은 '세 손가락의 여장군'으로 불렸다.

✎ 남자현이 독립운동 세력의 단결을 위해 두 차례나 자신의 손가락을 잘라 호소하여 세 손가락만 남았기 때문이다.

054쪽
055쪽

13 홍범도

1 산포수들의 우두머리가 되다

글을 읽으면서 중요하다고 생각하는 낱말에 색칠해 보세요.

056쪽 057쪽

㉮ 홍범도는 「홍범도 장군」이라는 책에 따르면 1868년 평안남도 평양에서 태어났어요. 그는 가난하고 ①지체가 좋지 못한 집안에서 자라 남의 집에서 허드렛일을 하였어요. 그러다 평안도 ②감영에서 군인을 모집한다는 소식을 듣고 15세에 군대에 들어가 4년간 군 생활을 하였지요. 하지만 군대의 기합이 세고 부패도 많아 견디다 못해 도망쳐 나왔어요. 이후 종이 공장에서 일하였지만 임금을 받지 못해 사장과 크게 다투고 공장을 그만두었어요. 그리고 나서 홍범도는 금강산에 있는 절에 들어가 중이 되었어요. 이처럼 어렵게 살아간 홍범도는 조선의 부조리와 민족의식을 몸소 깨닫기 시작하였어요.

㉯ 1890년대 이후 홍범도는 군대에서 익힌 ③총포술을 활용하여 함경북도 북청에서 ④산수, 즉 사냥꾼이 되었어요. 그는 총을 다루는 ⑤솜씨가 뛰어났을 뿐 아니라 동료들 사이에서도 의리가 있고 정직하여 산포수들의 대장에 뽑혔지요. 이때 홍범도는

정부에서 무분별하게 세금을 거두려 하는 일을 막는 등 동료들의 이익을 위해 앞장서면서 지도력을 발휘하였답니다.

① 지체: 어떤 집안이나 개인이 사회에서 차지하고 있는 신분이나 지위
② 감영: 조선 시대에, 관찰사가 직무를 보던 관아
③ 총포술: 화약의 힘으로 그 속에 든 탄환을 나가게 하는 무기를 다루는 기술
④ 산포수: 산속에서 사냥하는 일을 직업으로 하는 사람
⑤ 솜씨: 손을 놀려 무엇을 만들거나 어떤 일을 하는 재주

중심 낱말 찾기
01 각 문단의 중심 낱말을 찾아 쓰세요.

㉮ 문단: 조선의 **부 조 리** 와 민족의식을 깨닫기 시작한 홍범도

㉯ 문단: 함경도에서 **산 포 수** 로 활동하며 지도력을 발휘한 홍범도

내용 이해
02 다음 내용은 이 글의 ㉮, ㉯ 문단 중 어느 문단과 관련이 깊은지 쓰세요.

조선 정부는 그 당시 국가 재정을 확보하기 위해서 어디에서든지 세금을 받아 내려 하였다. 정부가 산포수들에게도 세금을 받자 산포수들의 대장인 홍범도는 관리들과 이야기하였고, 산포수들의 세금을 깎는 데에 성공할 수 있었다.

✎ **㉯ 문단**

도움말 | 제시된 글은 홍범도가 정부의 무분별한 세금 징수를 막는 데 성공한 사실을 이야기하고 있어요.

어휘 확인
03 다음 글에서 밑줄 친 낱말과 바꾸어 쓸 수 있는 낱말은 무엇인가요? [✎ ①]

친구의 말대로 그가 몰고 온 차는 비록 낡았지만, 그의 운전 솜씨 하나만은 기가 막힐 정도였다.

① 기술   ② 도구   ③ 생활   ④ 작용   ⑤ 투쟁

도움말 | '기술'은 사물을 잘 다룰 수 있는 방법이나 능력을 뜻하는 낱말이에요.

중심 내용 찾기
04 다음 빈칸을 채워 이 글의 내용을 정리해 보세요.

홍 범 도 는 남의 집 허드렛일, 군 생활, 종이 공장 노동 등을 하면서 조선의 부조리와 민족의식을 깨달았다. 그는 1890년대 이후 산포수들의 대장이 되어 동료들의 이익을 위해 앞장서며 **지 도 력** 을 발휘하였다.

2 일본군에 승리를 거두다

058쪽 059쪽

일제는 의병 활동을 탄압하기 위해 조선인은 총과 화약을 가지지 못하게 하는 법을 ⑥발표하였어요. 이 법으로 ⑦생계에 위협을 받게 된 산포수들은 의병 활동에 나섰지요. 홍범도도 산포수들이 중심이 된 의병 부대를 이끌었어요. 그러다가 본격적인 독립운동을 위해 고국을 떠나 만주로 갔어요.

1919년에 일어난 3·1 운동 이후에는 만주에서 독립군의 활동이 활발해졌어요. 홍범도는 대한 독립군이라는 부대를 만들고 부대의 대장을 맡았어요. 대한 독립군이 만주의 여러 작은 전투에서 승리하자, 일본군은 홍범도 부대가 머물던 봉오동 지역을 공격하였어요. 홍범도 부대는 독립군 부대들과 ⑧연합하여 봉오동 주변 ⑨야산에 숨어 있다가 일본군을 ⑩기습 공격

하여 큰 승리를 거두었어요. 이것이 봉오동 전투예요.

봉오동 전투에서 크게 패한 일본은 대규모의 군대를 다시 보냈어요. 하지만 홍범도는 독립군들과 연합 부대를 편성하여 일본군에 맞섰어요. 여기에서도 독립군이 크게 승리하였는데, 이를 청산리 대첩이라고 불러요. 이렇게 홍범도는 1920년에 일어난 두 차례의 전투에서 크게 활약하며 일본군에 승리를 거두었답니다.

⑥ 발표: 어떤 사실이나 결과, 작품 등을 세상에 널리 드러내어 알림.
⑦ 생계: 살림을 살아 나갈 방도, 또는 현재 살림을 살아가고 있는 형편
⑧ 연합: 두 가지 이상의 사물이 서로 합동하여 하나의 조직체를 만듦.
⑨ 야산: 들 가까이의 나지막한 산
⑩ 기습: 적이 생각지 않았던 때에, 갑자기 들이쳐 공격함. 또는 그런 공격

중심 낱말 찾기
05 다음에서 설명하는 부대를 이 글에서 찾아 쓰세요.

홍범도가 대장을 맡은 부대로, 만주의 여러 작은 전투에서 승리하였고 봉오동 전투에도 참여하였다.

✎ **대한 독립군**

내용 이해
06 이 글에 나타난 홍범도의 활동을 **보기**에서 모두 골라 기호를 쓰세요.

보기
㉠ 청산리 대첩에 참가하였다.
㉡ 헤이그에 특사로 파견되었다.
㉢ 봉오동 전투를 승리로 이끌었다.
㉣ 국내에서 3·1 운동에 참여하였다.

✎ ㉠, ㉢

도움말 | 홍범도는 봉오동 전투에서 일본군에 큰 승리를 거두었고, 일본이 다시 군대를 보내자 청산리 대첩에 참여하였어요.

어휘 확인
07 다음 뜻을 나타내는 낱말을 쓰세요.

① 어떤 사실이나 결과, 작품 등을 세상에 널리 드러내어 알림. **발 표**
② 두 가지 이상의 사물이 서로 합동하여 하나의 조직체를 만듦. **연 합**
③ 적이 생각지 않았던 때에, 갑자기 들이쳐 공격함. 또는 그런 공격 **기 습**

내용 추론
08 이 글을 읽고 다음 사건이 일어난 까닭을 추론하여 쓰세요.

일본은 한국 독립군의 기반을 무너뜨리기 위해 만주의 간도 지역에 사는 한국인들의 마을을 불태우고 사람들을 잔인하게 죽였는데, 이를 간도 참변이라고 한다. 간도 참변은 1920년 10월부터 1921년 4월까지 이루어졌다.

✎ 일본은 한국 독립군이 봉오동 전투와 청산리 대첩에서 크게 승리하자, 독립군의 기반을 무너뜨리고자 하였다.

14 김좌진

1 나라를 구하기 위한 활동

글을 읽으면서 중요하다고 생각하는 낱말에 색칠해 보세요.

가 김좌진은 1889년 충청남도 홍성군에서 태어났어요. 그의 집안은 많은 재산과 ¹노비를 가진 부자였지요. 김좌진은 어렸을 때 활쏘기, 말타기, 병정놀이 등을 즐겼어요. 병정놀이에서는 대장을 ²도맡아 하면서 대장기에 '억강부약'이라는 말을 썼어요. 이는 '강한 것을 누르고 약한 것은 돕는다.'라는 뜻을 가진 말로, 어린 시절 그의 생각을 엿볼 수 있지요.

나 1895년 홍성군에서는 을미사변에 반발하여 의병이 일어났는데, 김좌진은 당시 의병장이었던 김복한에게 가르침을 얻고 ³항일 의식을 ⁴다져 나갔어요. 한편으로 지식인 김석범과 교류하며 계몽 의식도 형성하였지요. 이를 통해 나라를 구하고자 하는 마음을 키워 갔답니다.

다 김좌진은 여러 가지 ⁵구국 활동을 하였어요. 그는 자신의 집에 있던 노비들을 해방시키고, 자신의 토지를 노비들에게 나누어 주었어요. 이어 김좌진은 나라를 다시 일으키려면 교육을 통해 실력을 키워야 한다고 생각하여 교육 운동을 벌였어요. 그 일환으로 1907년 호명 학교를 설립하였고, 1909년에는 기호 흥학회에 가입하여 활동하였답니다.

교육을 통해 나라를 다시 일으켜 세워야 해.

① 노비: 사내종과 계집종을 아울러 이르는 말
② 도맡다: 혼자서 책임을 지고 몰아서 모든 것을 돌보거나 해내다.
③ 항일: 일본 제국주의에 맞서 싸움.
④ 다지다: 마음이나 뜻을 굳게 가다듬다.
⑤ 구국: 위태로운 나라를 구함.

중심 낱말 찾기
01 각 문단의 중심 낱말을 찾아 쓰세요.

가 문단: 약한 사람을 도와야 한다고 생각한 김좌진
나 문단: 항일 의식과 계몽 의식을 키워 가는 김좌진
다 문단: 집안의 노비들을 해방시킨 후 교육 운동을 한 김좌진

060쪽
061쪽

내용 이해
02 다음 내용은 이 글의 가~다 문단 중 어느 문단과 관련이 깊은지 쓰세요.

김좌진은 노비를 해방시킨 후에 홍성의 호명 학교 설립에 참여하였다. 그는 나라의 권리를 되찾기 위해 가장 급한 문제는 홍성 지역의 청년들에게 신교육을 시키는 것이라고 생각하고 이를 실천에 옮겼다.

✎ **다 문단**

도움말 | 제시된 글은 김좌진이 노비를 해방하고 호명 학교를 세운 일을 설명하고 있어요.

어휘 확인
03 다음 낱말의 뜻을 찾아 선으로 이으세요.

1 다지다 ● ● ㉠ 마음이나 뜻을 굳게 가다듬다.

2 도맡다 ● ● ㉡ 혼자서 책임을 지고 몰아서 모든 것을 돌보거나 해내다.

내용 추론
04 이 글을 읽고 더 알고 싶은 내용을 알맞게 말한 어린이는 누구인지 쓰세요.

경진 김좌진이 호명 학교를 세운 이유가 궁금해.
철우 김좌진이 의병 활동에 반발한 이유를 알고 싶어.
형기 김좌진이 기호 흥학회에서 어떤 활동을 하였는지 궁금해.

✎ 형기

도움말 | 이 글에는 김좌진이 기호 흥학회에 가입한 사실만 쓰여 있고, 그곳에서의 구체적인 활동은 나와 있지 않아요.

2 청산리에서 크게 승리하다

1910년 우리나라가 일본에 국권을 빼앗기자 김좌진은 만주에서 독립운동을 할 계획을 세웠어요. 해외에서 독립운동을 하려면 많은 돈이 필요하였기 때문에 김좌진은 부자들을 찾아다니며 ⁶자금을 모았지요. 그러던 중 김좌진은 일본 경찰에 체포되어 감옥살이를 하였어요.

감옥에서 나온 김좌진은 일본의 ⁷감시를 피해 만주로 갔어요. 이곳에서 그는 북로 군정서의 ⁸총사령관을 맡았지요. 그는 수천 명 규모의 독립군을 모았고, 그들을 훈련시키는 데에 힘을 쏟았어요. 또한 다량의 무기를 사들여 독립군 부대의 힘을 키워 갔어요.

일제는 지난 봉오동 전투의 패배로 독립군 부대의 뿌리를 뽑고자 대규모 병력을 만주로 보냈어요. 이때 김좌진은 여러 독립군 대장들을 모아 함께 싸울 계획을 세웠고, 청산리 주변의 계곡을 ⁹활용하고자 하였어요. 일본군이 청산리 골짜기에 들어섰을 때 기다리고 있던 독립군 연합 부대는 일본군을 공격하였어요. 일주일 동안 10여 차례의 전투가 벌어졌는데, 이 모든 전투에서 독립군 부대가 승리하였지요. 이 전투가 청산리 대첩이에요. 청산리 대첩은 우리나라 사람들에게 큰 ¹⁰용기를 주었답니다.

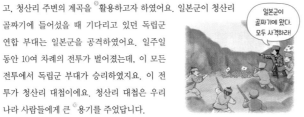

일본군이 골짜기에 왔다. 모두 사격하라!

⑥ 자금: 사업을 경영하는 데에 쓰거나 특정한 목적에 쓰는 돈
⑦ 감시: 단속하기 위하여 주의 깊게 살핌.
⑧ 총사령관: 일정하게 큰 단위의 군대를 모두 지휘하는 사령관
⑨ 활용: 충분히 잘 이용함.
⑩ 용기: 씩씩하고 굳센 기운. 또는 사물을 겁내지 아니하는 기개

중심 낱말 찾기
05 다음에서 설명하는 전투를 이 글에서 찾아 쓰세요.

1920년 김좌진을 총사령관으로 한 북로 군정서 등 독립군 연합 부대가 만주 청산리에서 일본군에 승리한 전투이다.

✎ 청산리 대첩

062쪽
063쪽

내용 이해
06 김좌진의 활동과 일치하는 것을 보기에서 모두 골라 기호를 쓰세요.

보기
㉠ 독립 협회를 조직하였다.
㉡ 이토 히로부미를 저격하였다.
㉢ 독립운동에 필요한 자금을 모았다.
㉣ 북로 군정서라는 부대를 이끌었다.

✎ ㉢, ㉣

도움말 | 김좌진은 부자들을 찾아다니며 독립운동 자금을 모았고, 북로 군정서의 총사령관을 맡았어요.

어휘 확인
07 다음은 청산리 대첩을 평가한 내용이에요. 빈칸에 들어갈 낱말로 알맞은 것은 무엇인가요? [✎ ⑤]

| 일본군의 수가 아주 많았음에도 지형을 ( )한 전략을 짜서 승리한 것이 대단하다. |

① 감시 ② 대기 ③ 지출 ④ 해결 ⑤ 활용

중심 내용 찾기
08 이 글의 중심 내용으로 알맞은 것은 무엇인가요? [✎ ③]

① 온건 개화파의 활동 ② 일제의 식민지 정책
③ 청산리 대첩의 승리 ④ 조선 후기의 사회 변화
⑤ 서양 국가와의 조약 체결

15 방정환

ㅣ시대ㅣ 대한 제국~일제 강점기

1 어린이를 위한 운동을 시작하다

064쪽
065쪽

글을 읽으면서 중요하다고 생각하는 낱말에 색칠해 보세요.

가 1924년에 발표된 「신여성」이라는 잡지에 "아무 꾀도 갖지 않는다. 아무 **획책**도 모른다. …… 시퍼런 칼을 들고 **협박**하여도 맞아서 아프기까지는 방글방글 웃으며 대하는 이가, 이 넓은 세상에 오직 이 이가 있을 뿐이다."라는 글이 있어요. 이 글에서 대상으로 하는 사람은 누구일까요? 바로 '어린이'예요. 이 글을 쓴 사람은 평생 어린이를 위해 많은 일을 한 방정환이에요.

나 방정환은 1899년 서울 종로구의 **풍족한** 집안에서 태어났어요. 그는 어린 시절 친구들에게 이야기를 잘 들려주었는데, 이 모습을 본 이웃 어른이 방정환에게 **환등기**를 선물로 주었어요. 방정환은 환등기를 이용해서 사람들에게 재미있는 이야기를 들려주어 이야기꾼으로 소문이 났어요.

토끼는 거북이의 등을 타고 용궁으로 갔어요.

다 방정환은 집안이 어려워지자, 학교를 그만두고 조선 총독부에서 서류를 옮겨 적는 일을 하게 되었어요. 이 일을 하면서 세상을 보는 눈이 넓어진 방정환은 천도교에 관심을 갖게 되었고, 천도교 **본부**에서 일하게 되었어요. 그리고 이곳에서 어린이를 위한 활동을 시작하였답니다.

① 획책: 어떤 일을 꾸미거나 꾀함. 또는 그런 꾀
② 협박: 겁을 주며 압력을 가하여 남에게 억지로 어떤 일을 하도록 함.
③ 풍족하다: 매우 넉넉하여 부족함이 없음.
④ 환등기: 환등 장치를 이용하여 그림, 필름 따위를 확대하여 스크린에 비추는 기계
⑤ 본부: 각종 관서나 기관·단체의 중심이 되는 조직 또는 그 조직이 있는 곳

중심 낱말 찾기
01 각 문단의 중심 낱말을 찾아 쓰세요.

가 문단: 신 여 성 에 어린이에 관한 글을 쓴 방정환

나 문단: 이 야 기 꾼 이라고 소문이 난 방정환

다 문단: 천 도 교 본부에서 일하게 된 방정환

내용 이해
02 다음 내용은 이 글의 가 ~ 다 문단 중 어느 문단과 관련이 깊은지 쓰세요.

방정환은 조선 총독부에서의 일을 그만두고 유광렬과 함께 문학을 토론하였는데, 이때 그는 끼니를 잇기 힘들었고 노동자들의 숙소에서 머물기도 하였다. 이후 천도교 소년회 등의 천도교 기관에서 일하였는데, 그의 아버지가 성실한 천도교 신자였고 자신도 모든 사람은 평등하다는 천도교의 '인내천 사상'에 공감하고 있었기 때문이었다.

✏ 다 문단

도움말 ㅣ 제시된 글은 방정환이 조선 총독부를 그만두고 천도교 본부에서 일한 사실을 설명하고 있어요.

어휘 확인
03 다음 낱말의 뜻을 찾아 선으로 이으세요.

1 본부 — ㉠ 어떤 일을 꾸미거나 꾀함. 또는 그런 꾀

2 획책 — ㉡ 각종 관서나 기관·단체의 중심이 되는 조직. 또는 그 조직이 있는 곳

중심 내용 찾기
04 다음 빈칸을 채워 이 글의 내용을 정리해 보세요.

어린이를 위해 많은 일을 한 방정환은 어린 시절에는 환 등 기 를 이용해서 재미있는 이야기를 들려주어 이야기꾼으로 소문이 났다. 그는 조선 총독부에서 하던 일을 그만두고 천도교 본부에서 일하게 되면서 어 린 이 를 위한 활동을 시작하였다.

2 잡지 『어린이』를 만들다

066쪽
067쪽

방정환은 1919년에 천도교의 **교주**인 손병희를 도와 3·1 운동에 참가하였어요. 그때 독립 선언서를 인쇄하다가 일본 경찰이 들이닥친 일이 있었는데요. 방정환은 인쇄기를 우물 속에 던져 넣어 위기에서 벗어났지만, 이 일로 고문을 받고 일본 경찰의 감시를 받게 되었어요. 이 일을 계기로 방정환은 일본을 잘 알아야겠다고 생각하여 일본에 유학을 갔어요. 그곳에서 방정환은 아동 문학, **심리학** 등을 공부하면서 어린이들이 당연히 누려야 할 **권리**가 있다는 생각을 하게 되었지요.

1920년대 초 방정환은 나이가 적은 아이들을 인격적인 사람으로 존중해 주기 위해 '어린이'라는 낱말을 사용하기 시작하였어요. 또한 방정환의 주도로 5월 1일을 어린이날로 정하였는데, 이는 새싹이 돋아나는 시기를 맞춘 것이에요.

어린이는 이 나라의 미래를 이끌어 갈 기둥입니다!

방정환은 1923년 한국 최초로 『어린이』라는 아동 잡지를 만들었어요. 당시 서울의 인구가 30만 명이었는데, 잡지의 판매량이 10만 부나 되었다는 데서 그 인기를 짐작할 수 있지요. 일제는 이 잡지를 일종의 독립운동이라 보며 **검열**하였고, 이로 인해 많은 원고가 삭제되기도 하였어요. 이렇게 열정적으로 어린이의 권리를 지키고자 하였던 방정환은 30대 초반에 **과로**로 눈을 감고 말았답니다.

① 교주: 어떤 종교나 종파를 처음 세운 사람. 한 종교 단체의 우두머리
② 심리학: 생물체의 의식 현상과 행동을 연구하는 학문
③ 권리: 어떤 일을 행하거나 타인에 대하여 당연히 요구할 수 있는 힘이나 자격
④ 검열: 언론, 출판, 보도, 연극, 영화, 우편물 등의 내용을 사전에 심사하여 그 발표를 통제하는 일
⑤ 과로: 몸이 고달플 정도로 지나치게 일함. 또는 그로 말미암은 지나친 피로

중심 낱말 찾기
05 다음에서 설명하는 낱말을 이 글에서 찾아 쓰세요.

1920년대 초 방정환이 나이가 적은 아이들을 인격적인 사람으로 존중해 주기 위해 사용한 낱말이다.

✏ 어린이

내용 이해
06 이 글의 내용과 일치하지 않는 것은 무엇인가요? [✏ ⑤]

① 손병희는 천도교 교주였다.
② 방정환은 일본에서 유학을 하였다.
③ 방정환은 일본 경찰의 감시를 받았다.
④ 방정환의 주도로 어린이날이 정해졌다.
⑤ 『어린이』라는 잡지는 일제의 지원을 받았다.

도움말 ㅣ ⑤ 일제는 『어린이』를 검열하여 원고를 삭제하기도 하였어요. 이는 『어린이』가 일제의 탄압을 받았음을 보여 주어요.

어휘 확인
07 다음 밑줄 친 부분 대신 쓸 수 있는 낱말로 알맞은 것은 무엇인가요? [✏ ①]

일제 강점기에 일본은 우리나라 신문을 미리 검사하여 자신들에게 불리한 내용은 삭제하였다.

① 검열   ② 결의   ③ 기습   ④ 선포   ⑤ 획책

내용 추론
08 방정환이 다음을 읽고 보일 수 있는 반응으로 알맞은 것은 무엇인가요? [✏ ⑤]

어린이는 경험이 적어 아직 완성되지 않은 존재입니다.

① 맞습니다. 어린이의 생각은 들을 필요가 없습니다.
② 맞습니다. 어린이는 부족한 존재라서 권리가 없습니다.
③ 맞습니다. 어린이는 혼자 결정하도록 두어서는 안 됩니다.
④ 아닙니다. 어린이 중에는 경험이 많은 이가 있을 수 있습니다.
⑤ 아닙니다. 어린이는 인격을 가진 한 사람의 독립적 구성원입니다.

도움말 ㅣ 방정환은 어린이의 권리를 중시하고, 어린이를 인격적인 사람으로 존중해 주고자 하였어요.

16 이봉창

1 조선인 차별에 맞서다

글을 읽으면서 중요하다고 생각하는 낱말에 색칠해 보세요.

이봉창은 서울 용산에서 어린 시절을 보냈어요. 그는 집안 ①형편이 어려워 일찌감치 돈을 벌기 시작하였지요. 이봉창은 용산에 있는 일본인 과자점에서 점원으로 일하였고, 약국에서도 일을 하였어요. 그러다가 용산역에서 ②임시직을 받아서 일을 하기 시작하였어요. 이봉창이 약국에서 일할 무렵에 3·1 운동이 일어났는데, 이때 이봉창은 3·1 운동을 전혀 알아차리지 못할 만큼 일본을 반대하는 생각이 없었다고 해요. 그저 평범하게 살아가던 식민지 청년이었던 것이에요.

이봉창은 용산역에 근무하면서 빠르게 승진하여 정식 역무원이 되었어요. 몇 달 뒤에는 기관차나 화물차를 연결하는 연결수로 지위가 올랐지요. 승진이 되면서 이봉창의 월급도 크게 올랐어요. 그런데 이봉창은 점차 조선인들은 아무리 일을 잘해도 일본인들보다 ③승진이 늦고, 월급이 낮다는 사실을 알게 되었어요. 일본인이 조선인을 차별하고 있다는 점을 알아차리게 된 것이지요. 이봉창은 이러한 현실을 견디지 못하고 ④자포자기하여 술과 도박에 빠져 많은 빚을 지게 되었어요. 결국 그는 ⑤퇴직금으로 빚을 갚기 위해 회사를 그만두었답니다.

일을 아무리 잘해도 일본인보다 월급이 적구나.

---

① 형편: 일이 되어 가는 상태나 경로 또는 결과. 살림살이의 형세
② 임시직: 임시로 맡는 직위나 직책
③ 승진: 직위의 등급이나 계급이 오름.
④ 자포자기: 절망에 빠져 자신을 스스로 포기하고 돌아보지 아니함.
⑤ 퇴직금: 현직에서 물러나는 사람에게 근무처에서 지급하는 돈

068쪽 069쪽

중심 낱말 찾기
01 다음 ㉠, ㉡에 들어갈 낱말을 이 글에서 찾아 각각 쓰세요.

이봉창은 용산역에서 근무하면서 (㉠   )인이 (㉡   )인을 차별하고 있음을 알게 되었다.

🖉 ㉠   일본   ㉡   조선

내용 이해
02 이봉창에 대한 설명으로 알맞지 않은 것은 무엇인가요? [🖉 ③]
① 이봉창은 용산역의 정식 역무원이 되었다.
② 이봉창은 서울 용산에서 어린 시절을 보냈다.
③ 이봉창은 3·1 운동이 일어나자 적극 참여하였다.
④ 이봉창은 일본인 과자점에서 점원으로 일하였다.
⑤ 이봉창은 퇴직금으로 빚을 갚기 위해 회사를 그만두었다.
도움말 | ③ 이봉창은 3·1 운동을 알아차리지 못하였어요.

어휘 확인
03 다음 낱말의 뜻을 찾아 선으로 이으세요.

1 승진 ———————— ㉠ 직위의 등급이나 계급이 오름.

2 형편 ———————— ㉡ 절망에 빠져 자신을 스스로 포기하고 돌아보지 아니함.

3 자포자기 ———————— ㉢ 일이 되어 가는 상태나 경로 또는 결과. 살림살이의 형세

중심 내용 찾기
04 다음 빈칸을 채워 이 글의 내용을 정리해 보세요.

이봉창은 | 3 | · | 1 | 운동을 알아차리지 못할 만큼 일본을 반대하는 생각 없이 살아가던 청년이었으나, 일을 하면서 조선인에 대한 | 차 | 별 |을 느끼게 되었다.

2 일왕을 향해 수류탄을 던지다

이봉창은 1925년 일본 오사카에 갔어요. 그는 가스 회사에서 일하다가 이후 ⑥부두 노동자로 일을 하였는데, 여전히 조선인으로서 차별 대우를 받았지요.

1928년 어느 날, 이봉창은 교토에서 열린 일왕 ⑦즉위식을 구경하고 있었어요. 그런데 갑자기 일본 경찰이 이봉창을 경찰서로 끌고 가 ⑧유치장에 가두는 것이에요. 열흘이 지나서야 겨우 풀려난 이봉창은 자신이 유치장에 갇힌 이유가 그의 주머니에서 조선어로 쓴 편지가 나왔기 때문이라는 것을 알게 되었지요. 그제야 이봉창은 조선의 독립에 관심을 가지게 되었답니다.

이봉창은 1931년 중국 상하이로 갔어요. 그리고 대한민국 임시 정부를 찾아가 김구를 만났어요. 김구는 당당한 모습의 이봉창이 마음에 들어 그에게 일왕을 처단하는 일을 제안하였답니다.

이봉창은 일왕을 처단하기 위해 다시 일본으로 갔어요. 그리고 1932년, 마침내 일왕이 탄 마차를 향해 수류탄을 던졌어요. 불행히도 수류탄의 ⑨화력이 약해 일왕을 처단하는 일은 실패하고 말았어요. 비록 일왕을 처단하지는 못하였지만, 이봉창의 ⑩거사는 조선의 독립운동이 계속되고 있음을 세계에 알리는 계기가 되었어요.

일왕이 탄 마차다!

---

⑥ 부두: 배를 대어 사람과 짐이 뭍으로 오르내릴 수 있도록 만들어 놓은 곳
⑦ 즉위식: 임금 자리에 오르는 것을 백성과 조상에게 알리기 위하여 치르는 의식
⑧ 유치장: 피의자나 경범죄를 지은 사람 등을 한때 가두어 두는 곳. 각 경찰서에 있음.
⑨ 화력: 불이 탈 때에 내는 열의 힘
⑩ 거사: 큰일을 일으킴.

070쪽 071쪽

중심 낱말 찾기
05 다음 빈칸에 공통으로 들어갈 인물을 이 글에서 찾아 쓰세요.

이봉창은 중국 상하이에 있는 대한민국 임시 정부에서 (   )를 만났다. 그리고 (   )의 제안으로 일본으로 가서 일왕이 탄 마차에 수류탄을 던졌다.

🖉   김구

내용 이해
06 이봉창에 대한 설명으로 알맞은 것을 보기에서 모두 골라 기호를 쓰세요.

보기
㉠ 일왕이 탄 마차에 수류탄을 던졌다.
㉡ 일본어를 쓴다는 이유로 유치장에 갔다.
㉢ 상하이에 있는 대한민국 임시 정부를 찾아갔다.
㉣ 일본에서 일하며 일본인보다 좋은 대우를 받았다.

🖉   ㉠, ㉢

도움말 | 이봉창은 대한민국 임시 정부를 찾아가 김구를 만난 후, 일왕이 탄 마차를 향해 수류탄을 던지는 거사를 일으켰어요.

어휘 확인
07 다음 뜻을 나타내는 낱말을 쓰세요.
① 큰일을 일으킴. | 거 | 사 |
② 불이 탈 때에 내는 열의 힘 | 화 | 력 |

내용 추론
08 이 글을 읽고 조선의 독립운동에 대해 설명한 것으로 알맞은 것은 무엇인가요? [🖉 ④]
① 모든 조선인은 일제에 저항하였다.
② 독립운동은 중국에서만 할 수 있었다.
③ 일본의 탄압으로 조선인은 독립운동을 할 수 없었다.
④ 점차 항일 의식을 가져 독립운동에 참여한 사람이 있었다.
⑤ 이봉창이 일왕 처단에 성공한 것을 계기로 다른 나라의 관심을 받았다.
도움말 | 이봉창의 생애를 통해서 점차 항일 의식을 가지게 되어 독립운동에 참여한 사람들이 있었음을 알 수 있어요.

17 윤봉길

1 농민 계몽을 위한 노력

072쪽 073쪽

글을 읽으면서 중요하다고 생각하는 낱말에 색칠해 보세요.

⑦ 1932년 4월 29일, 아침 7시를 알리는 종소리가 들리자 한 청년이 김구에게 시계를 자신의 것과 바꾸자고 하였어요. 그리고 다음과 같이 말하였어요. "새로 산 시계는 한 시간밖에 더 ①소용이 없습니다." 이 말을 하였던 청년은 독립운동가 윤봉길이에요. 그의 원래 이름은 우의이고, '봉길'이라는 이름은 중국으로 떠날 때 스스로 지은 이름이에요.

㉯ 윤봉길이 19살 때, 한 청년이 공동묘지에서 아버지의 이름을 찾지 못하여 ②팻말을 모두 뽑아 윤봉길에게 물어본 적이 있었어요. 이 일을 계기로 윤봉길은 농민들이 글을 ③깨치고 실력을 길러야 한다는 생각을 하게 되었지요. 그는 농촌에서 ④야학을 열어 글을 가르쳤고, 토론회, ⑤강연회 등을 개최하였어요. 농민 단체를 만들어 가축 키우는 일을 돕기도 하였지요.

한글을 쉽게 읽으려면 발음의 원리를 알아야 합니다.

㉰ 1929년 어느 날, 전라남도 광주에서는 일제의 민족 차별에 맞선 광주 학생 항일 운동이 일어났어요. 이 운동이 나라 곳곳으로 퍼져 나가자, 일제의 독립운동 탄압이 더욱 심해졌지요. 이를 본 윤봉길은 농민을 계몽하는 활동으로 그치지 않고, 직접 독립운동에 뛰어들기로 결심하였답니다.

---

① 소용: 쓸 곳. 또는 쓰이는 바
② 팻말: 패를 단 말뚝. 주변이나 다른 사람들에게 알리기 위하여 글 등을 써 놓은, 네모난 조각
③ 깨치다: 일의 이치 따위를 깨달아 알다.
④ 야학: 밤에 공부함. '야간 학교'를 줄여 이르는 말
⑤ 강연회: 일정한 주제에 대하여 청중 앞에서 강의 형식으로 말하는 모임

중심 낱말 찾기
01 각 문단의 중심 낱말을 찾아 쓰세요.

⑦ 문단: 김구와 시계를 바꾼 윤봉길
㉯ 문단: 농민들이 글을 깨치고 실력을 길러야 한다고 생각한 윤봉길
㉰ 문단: 직접 독립운동에 뛰어들기로 결심한 윤봉길

내용 이해
02 다음 내용은 이 글의 ⑦~㉰ 문단 중 어느 문단과 관련이 깊은지 쓰세요.

윤봉길은 1929년에 일어난 광주 학생 항일 운동으로 큰 충격을 받았다. 이때부터 그는 야학에서 학생들에게 항일 정신을 기르고 투쟁에 나설 것을 북돋는 데에 열중하였다. 그는 강연에서 일제의 칼날 아래 민족과 나라를 위해 희생한 학생들의 끔찍한 모습을 바로 볼 것을 말하였다. 나아가 독립을 위해 일제와 싸울 것을 재촉하여 말하였다.

㉰ 문단

도움말 | 제시된 글은 윤봉길이 광주 학생 항일 운동을 계기로 보다 적극적인 독립운동에 관심을 가진 사실을 보여 주고 있어요.

어휘 확인
03 다음 글에서 밑줄 친 낱말과 바꾸어 쓸 수 있는 낱말은 무엇인가요? [③]

계절이 바뀌자 나는 집안 청소를 시작하였다. 안 입는 옷을 상자에 넣고, 낡아서 쓸모 없는 물건들은 모두 버렸다.

① 명성 ② 성과 ③ 소용 ④ 연유 ⑤ 증표

도움말 | '쓸모'는 쓸 만한 가치를 뜻하는 낱말로, '소용'과 비슷한 뜻을 가지고 있어요.

중심 내용 찾기
04 다음 빈칸을 채워 이 글의 내용을 정리해 보세요.

윤봉길은 농민들이 글을 깨치는 것이 중요하다고 생각하여 야학을 열어 농민들을 교육하였다. 그러던 중 광주 학생 항일 운동을 지켜보면서 직접 독립운동에 뛰어들기로 결심하였다.

2 일제를 향해 폭탄을 던지다

074쪽 075쪽

윤봉길은 오랜 고민 끝에 독립운동에 참여하기로 결심하였어요. 그는 가족들에게 "⑥대장부가 집을 나가면 뜻을 이루기 전에는 돌아오지 않는다."라는 글을 남기고 중국으로 떠났어요.

윤봉길은 1931년 중국 상하이로 갔어요. 이 무렵 일본은 만주 사변을 일으켜 중국의 만주를 차지하고 만주국을 세웠어요. 이 사건으로 일본에 대한 국제 ⑦여론이 나빠지자, 일본은 시선을 다른 곳으로 돌리기 위해 1932년 1월 중국 상하이를 점령하였지요.

일본은 상하이의 훙커우 공원에서 일왕의 생일 축하식 겸 상하이를 차지한 것을 기념하는 행사를 연다고 하였어요. 독립을 위해 몸 바칠 각오를 한 윤봉길은 이 기념식을 기회로 여겼어요. 그는 기념식이 열리는 4월 29일, 미리 준비한 물통 모양의 폭탄을 ⑧단상을 향해 던졌어요. 폭탄이 한가운데 ⑨명중하면서 폭발하여 일본군 대장 등이 죽거나 다쳤지요. 윤봉길은 폭탄을 던진 후 체포되어 사형을 당하고 말았답니다. 하지만 윤봉길의 의거는 중국인들에게 깊은 ⑩인상을 남겼고, 이후 중국 정부가 우리 민족의 독립운동을 지원하는 계기가 되었어요.

---

⑥ 대장부: 건장하고 씩씩한 사내
⑦ 여론: 사회 대중의 공통된 의견
⑧ 단상: 교단이나 강단 등의 위
⑨ 명중: 화살이나 총알 따위가 겨냥한 곳에 바로 맞음.
⑩ 인상: 어떤 대상에 대하여 마음속에 새겨지는 느낌

중심 낱말 찾기
05 다음에서 설명하는 인물을 이 글에서 찾아 쓰세요.

1932년 일왕의 생일 축하식 겸 일본의 상하이 점령을 기념하는 행사에서 폭탄을 던져 일본군 대장 등을 죽거나 다치게 하였다.

윤봉길

내용 이해
06 이 글의 내용과 일치하면 ◯, 일치하지 않으면 ✕에 표시하세요.

① 일본은 1931년 만주 사변을 일으켰다. [◯ / ✕]
② 윤봉길은 1932년 일본에서 의거를 단행하였다. [◯ / ✕] ← 윤봉길은 중국 상하이에서 의거를 단행하였어요.
③ 윤봉길은 독립운동에 참여하기 위해 중국으로 떠났다. [◯ / ✕]

어휘 확인
07 다음 낱말의 뜻을 찾아 선으로 이으세요.

1 명중 — ㉠ 사회 대중의 공통된 의견
2 여론 — ㉡ 어떤 대상에 대하여 마음속에 새겨지는 느낌
3 인상 — ㉢ 화살이나 총알 따위가 겨냥한 곳에 바로 맞음.

내용 추론
08 이 글을 읽고 윤봉길의 의거에 대해 바르게 평가한 어린이는 누구인지 쓰세요.

고은 | 윤봉길의 의거로 일제가 조선의 독립운동을 허용하였을 거야.
세미 | 윤봉길의 의거로 조선의 독립에 대한 국제적 관심이 줄었을 거야.
지석 | 윤봉길의 의거는 조선인이 중국에서 독립운동을 하는 데 도움이 되었을 거야.

지석

도움말 | 윤봉길의 의거로 중국 정부가 우리 민족의 독립운동을 지원하게 되었어요.

18 이중섭

1 소를 많이 그린 화가

글을 읽으면서 중요하다고 생각하는 낱말에 색칠해 보세요.

이중섭은 ⁰살아생전 소를 많이 그렸던 화가예요. 「싸우는 소」, 「흰소」, 「황소」 등이 그가 소를 그린 대표적인 ⁰작품들이에요. 이중섭이 그린 소들은 근육이나 뼈의 모양을 드러내고 역동적으로 움직이는 모습이 많은데, 이는 일본에 고통받고 분노하던 우리 민족의 모습을 보여 주기도 한답니다.

이중섭은 1916년 평안남도 평원에 있던 부유한 집안에서 태어났어요. 그 덕분에 아버지를 일찍 여의었어도 넉넉한 생활을 이어갈 수 있었지요. 이중섭은 오산 학교를 다니면서 본격적으로 미술을 배웠는데요. 당시 미술 선생님으로부터 "조선 사람은 조선 ⁰화풍으로 그려야 한다."라는 말을 듣고 큰 감명을 받았어요. 그 영향을 받아서인지 이중섭은 자신의 그림에 한글로 ⁰서명을 하였답니다.

이중섭은 오산 학교를 졸업한 뒤 1937년 일본 도쿄의 학교에 들어가 미술 공부를 계속하였어요. 그는 학교에 다니던 중 전시회에 작품을 내어놓아 신인으로서 ⁰각광을 받았고, 학교를 졸업하고 나서 상을 받기도 하였어요. 그리고 이중섭은 1945년에 일본인 여성을 만나 결혼을 하였답니다.

---

❶ 살아생전: 이 세상에 살아 있는 동안
❷ 작품: 예술 창작 활동으로 얻어지는 제작물
❸ 화풍: 그림을 그리는 방식이나 양식
❹ 서명: 자기의 이름을 써넣음. 또는 써넣은 것
❺ 각광: 사회적 관심이나 흥미

076쪽
077쪽

01 중심 낱말 찾기
다음 ㉠, ㉡에 들어갈 낱말을 이 글에서 찾아 각각 쓰세요.

이중섭은 오산 학교를 다닐 무렵 미술 선생님으로부터 "조선 사람은 (㉠   ) 화풍으로 그려야 한다."라는 말을 듣고 감명을 받아, 자신의 그림에 (㉡   )로 서명을 하였다.

✏️ ㉠: 조선   ㉡: 한글

02 내용 이해
이 글의 내용과 일치하지 않는 것은 무엇인가요? [✏️ ④]
① 이중섭은 소를 많이 그렸다.
② 이중섭은 오산 학교를 다녔다.
③ 이중섭은 일본인 여성과 결혼하였다.
④ 이중섭은 자신의 그림에 일본어로 서명을 하였다.
⑤ 이중섭은 도쿄의 학교에 다니면서 신인으로서 각광을 받았다.
도움말 | ④ 이중섭은 자신의 그림에 한글로 서명을 하였어요.

03 어휘 확인
다음 글에서 밑줄 친 낱말과 바꾸어 쓸 수 있는 낱말은 무엇인가요? [✏️ ③]

그 소설은 문학사에 길이 남을 훌륭한 작품이다.

① 소재   ② 제목   ③ 제작물   ④ 줄거리   ⑤ 이야깃거리
도움말 | '제작물'은 인위적으로 만들어 낸 물건이나 예술 작품을 뜻하므로, '작품'과 바꾸어 쓸 수 있어요.

04 중심 내용 찾기
다음 빈칸을 채워 이 글의 내용을 정리해 보세요.

이중섭은 소 를 많이 그렸던 화가이다. 그는 오산 학교에서 조선 사람은 조선 화풍으로 그려야 한다는 미술 선생님의 말에 감명을 받아 자신의 그림에 한글로 서명을 하였다. 이후 이중섭은 일본에서 미 술 공부를 하며 상을 받기도 하였다.

2 가족을 그리워한 가난한 화가

이중섭은 결혼 후 함경도 원산에서 두 아들을 낳았어요. 그러다 6·25 전쟁이 일어나 가족들과 함께 남쪽으로 내려왔어요. 전쟁 ⁰통에서 그와 가족은 가난을 벗어나기 어려웠어요. 전쟁의 위협과 가난이 계속되자, 이중섭은 아내와 두 아들을 일본으로 보내고 혼자 한국에 남았어요.

이중섭은 가족을 다시 만나기 위해 막노동을 하며 돈을 벌었지만 가난을 벗어나기는 힘들었어요. 그림을 그릴 재료를 살 돈도 부족하였지요. 그래서 그는 담배를 싸는 종이에 입혀진 ⁰은박에 자주 그림을 그렸는데, 이를 '은지화'라고 해요.

일본으로 가족을 보낸 이중섭은 며칠 동안을 제외하고 죽을 때까지 가족과 떨어져 지냈어요. 그는 가족을 늘 그리워하였고, 이러한 ⁰그리움이 묻어 있는 그림을 많이 그렸지요. 그중 하나가 「K시인의 가족」이라는 그림이에요. 이 그림은 친구인 구상 시인이 아들에게 세발자전거를 사다 주던 날을 그린 것으로, 행복한 가족의 모습이 나타나 있어요. 가족과의 ⁰재회를 염원하던 이중섭은 40세의 나이로 생을 마감하였어요. 그렇지만 살아있는 동안 ⁰개성 있는 작품을 많이 남겨 오늘날에도 많은 관심을 받고 있답니다.

---

❶ 통: 어떤 일이 벌어진 형편이나 환경
❷ 은박: 은 또는 은과 같은 빛깔의 재료를 종이와 같이 얇게 만든 물건
❸ 그리움: 보고 싶어 애타는 마음
❹ 재회: 다시 만남.
❺ 개성: 다른 사람이나 개체와 구별되는 고유의 특성

078쪽
079쪽

05 중심 낱말 찾기
다음 ㉠, ㉡에 들어갈 낱말을 이 글에서 찾아 각각 쓰세요..

이중섭은 (㉠   ) 전쟁이 일어나자 가족들과 함께 함경도 원산에서 남쪽으로 내려왔다. 이후 그의 가족은 (㉡   )으로 갔으나 이중섭은 혼자 한국에 남았다.

✏️ ㉠: 6·25   ㉡: 일본

06 내용 이해
이중섭에 대한 설명으로 알맞은 것을 보기에서 모두 골라 기호를 쓰세요.

보기
㉠ 은지화를 자주 그렸다.
㉡ 개성 있는 그림들을 많이 남겼다.
㉢ 아내와 두 아들을 중국으로 보냈다.
㉣ 6·25 전쟁을 겪으며 부유한 생활을 하였다.

✏️ ㉠, ㉡

도움말 | ㉢ 이중섭은 아내와 두 아들을 일본으로 보냈어요. ㉣ 이중섭은 6·25 전쟁을 겪으며 가난한 생활을 하였어요.

07 어휘 확인
다음 뜻을 나타내는 낱말을 쓰세요.

❶ 다시 만남. 재 회
❷ 보고 싶어 애타는 마음 그 리 움
❸ 다른 사람이나 개체와 구별되는 고유의 특성 개 성

08 내용 추론
이중섭이 '은지화'를 자주 그린 까닭을 바르게 말한 어린이는 누구인지 쓰세요.

도훈   가난하였기 때문이야.
서영   가족을 그리워하였기 때문이야.
채연   개성 있는 작품을 그리기 위해서야.

✏️ 도훈

도움말 | 이중섭은 가난하였기 때문에 그림 그릴 재료를 살 돈이 부족하여 은박에 그림을 그리는 '은지화'를 자주 그렸어요.

19 이육사

1 일제에 맞선 시인

080쪽
081쪽

글을 읽으면서 중요하다고 생각하는 낱말에 색칠해 보세요.

나의 호는 이육사로 해야겠어.

가 "지금 눈 내리고 / 매화 향기 홀로 아득하니 …… 백마 타고 오는 ¹초인이 있어 / 이 ²광야에서 목 놓아 부르게 하리라."라는 내용은 「광야」라는 시의 일부예요. 이 시를 쓴 인물은 이육사예요. 이육사의 원래 이름은 이원록이었어요. 그런데 이육사가 독립운동을 하였다는 죄로 감옥에 들어갔을 때 그의 ³죄수 번호가 264번이었고, 이후 그는 이육사라는 이름을 사용하였답니다.

나 이육사는 1904년 경상북도 안동에서 태어났어요. 그는 퇴계 이황의 후손이었지요. 이육사는 할아버지로부터 한학을 배웠어요. 그리고 20대 때 일본 도쿄와 중국 베이징에서 유학하기도 하였어요. 한국에 돌아온 후에는 조국의 독립을 위해 의열단이라는 단체에 가입하여 독립운동을 하고자 하였어요. 그러던 중 이육사는 1927년 조선은행 대구 지점에서 폭발물이 터져 일본 경찰이 다치는 사건에 ⁴연루되어 대구 형무소에서 3년간 옥고를 치렀어요.

다 감옥에서 나온 이육사는 신문 기자가 되어 글을 썼어요. 그리고 일본에 ⁵저항하는 의지를 담은 시를 발표하였지요. 그럴수록 이육사에 대한 일제의 감시는 더욱 심해졌어요.

---

① 초인: 보통 사람으로는 생각할 수 없을 만큼 뛰어난 능력을 가진 사람
② 광야: 텅 비고 아득히 넓은 들
③ 죄수: 죄를 지어 교도소에 가두어 들어간 사람
④ 연루: 남이 저지른 범죄에 관련됨.
⑤ 저항: 어떤 힘이나 조건에 굴히지 아니하고 거역하거나 버팀.

중심 낱말 찾기
01 각 문단의 중심 낱말을 찾아 쓰세요.

가 문단: 자신의 죄수 번호를 이름으로 사용한 이 육 사
나 문단: 의 열 단 에 가입하고 독립운동을 하고자 한 이육사
다 문단: 일본에 저항하는 시 를 발표한 이육사

내용 이해
02 이육사에 대한 설명으로 알맞지 않은 것은 무엇인가요? [✎ ⑤]

① 「광야」라는 시를 썼다.
② 대구 형무소에서 옥고를 치렀다.
③ 일본과 중국에서 유학을 하였다.
④ 신문 기자로서 글을 쓰기도 하였다.
⑤ 이원록이라는 이름은 자신의 죄수 번호에서 비롯되었다.
도움말 | ⑤ 죄수 번호에서 비롯된 이름은 이육사예요.

어휘 확인
03 다음 뜻을 나타내는 낱말을 쓰세요.

1 남이 저지른 범죄에 관련됨. 연 루
2 어떤 힘이나 조건에 굴히지 아니하고 거역하거나 버팀. 저 항
3 보통 사람으로는 생각할 수 없을 만큼 뛰어난 능력을 가진 사람 초 인

중심 내용 찾기
04 다음 빈칸을 채워 이 글의 내용을 정리해 보세요.

이육사는 독립운동을 하다 감옥에 갔을 때 자신의 죄수 번호가 2 6 4 번이었던 것을 계기로 이육사라는 이름을 사용하였다. 그는 감옥에서 나와 신문 기자로 지내며 일 본 에 저항하는 의지를 담은 시를 발표하였다.

---

2 무장 독립 투쟁과 저항시

082쪽
083쪽

이육사는 독립운동에 ⁶전념하기 위해 중국을 자주 ⁷왕래하였어요. 중국 베이징에서 의열단원을 만난 이육사는 ⁸무장 독립 투쟁에 참여하기로 하고, 군사 훈련을 받기 위해 의열단이 세운 군사 학교에 입학하였어요. 이곳에서 폭탄과 ⁹탄약을 만드는 법, 비밀리에 통신하는 법, 무기를 운반하는 법 등을 배웠지요.

이육사는 교육을 마친 후 1933년 국내에 들어왔어요. 그러나 의열단의 군사 학교 출신이라는 이유로 다시 일본 경찰에 붙잡혀 여러 달의 ¹⁰옥살이를 하면서 건강이 나빠졌어요. 이육사는 앞으로 계속 무장 투쟁에 나설지 독립운동을 그만두고 평범하게 살아갈지를 고민하게 되었답니다.

이육사는 오랜 생각 끝에 글을 통해 민족의식을 높이고 일제에 대한 저항 정신을 일깨우겠다고 마음먹었어요. 그는 「광야」, 「절정」 등 저항적인 성격의 글과 시를 썼어요. 꾸준히 일제의 식민 통치에 맞선 이육사는 1943년 다시 감옥살이를 하게 되었고, 고문에 시달리다가 1944년 세상을 떠났어요. 이육사는 1945년 8월 15일 우리나라의 광복을 직접 보지는 못하였지만, 언제나 독립운동에 앞장서며 민족의식을 일깨웠던 인물이었답니다. 그의 시는 오늘날에도 많은 사람들에게 사랑받고 있지요.

일제의 식민 통치에 맞서는 시를 써야겠어.

---

⑥ 전념: 오직 한 가지 일에만 마음을 씀.
⑦ 왕래: 가고 오고 함.
⑧ 무장: 전투에 필요한 장비를 갖춤. 또는 그 장비
⑨ 탄약: 탄알과 화약을 아울러 이르는 말
⑩ 옥살이: 감옥에 갇히어 지내는 생활

중심 낱말 찾기
05 다음 밑줄 친 내용에 해당하는 작품 두 개를 이 글에서 찾아 쓰세요.

이육사는 민족의식을 높이고 일제에 대한 저항 정신을 일깨우기 위해 <u>저항적인 성격의 글과 시</u>를 썼다.

✎ 「광야」, 「절정」

내용 이해
06 다음 사건이 일어난 순서에 맞게 번호를 쓰세요.

3	2	1
우리나라가 광복을 맞이하였다.	이육사는 감옥에서 고문에 시달리다가 세상을 떠났다.	이육사는 의열단이 세운 군사 학교에 입학하여 교육을 받았다.

어휘 확인
07 다음 낱말의 뜻을 찾아 선으로 이으세요.

1 무장 • — ⓐ 가고 오고 함.
2 왕래 • — ⓑ 오직 한 가지 일에만 마음을 씀.
3 전념 • — ⓒ 전투에 필요한 장비를 갖춤. 또는 그 장비

내용 추론
08 이 글을 읽고 이육사의 독립운동 방식을 바르게 말한 어린이는 누구인지 쓰세요.

나희 친일파와 손을 잡았어.
동훈 무장 독립 투쟁 말고 다른 방법은 없다고 생각하였어.
현준 저항적인 성격의 글과 시로 일제에 대한 저항 정신을 일깨우고자 하였어.

✎ 현준

도움말 | 이육사는 「광야」, 「절정」과 같이 저항적인 성격의 글과 시를 써서 민족 의식을 일깨우고자 하였어요.

20 김구

1 일제에 당당히 맞선 청년

글을 읽으면서 중요하다고 생각하는 낱말에 색칠해 보세요.

김구는 1876년 황해도 해주에서 태어났어요. 김구의 본래 이름은 창수였지요. 김구의 집안은 ①몰락한 양반의 후손으로 몹시 가난하였어요. 김구는 서당에서 열심히 공부하여 과거에 ②응시하였으나 뜻을 이루지는 못하였어요.

김구는 평등한 세상을 꿈꾸며 동학을 받아들였어요. 그리고 해주 지방의 동학 교단을 이끄는 ③접주가 되었지요. 1894년에 동학 농민 운동이 일어나자 김구는 동학 농민군을 이끌고 해주성을 공격하기도 하였어요.

1895년에는 조선의 왕비가 일본인에 의해 죽임을 당한 을미사변이 일어났어요. 김구는 왕비를 죽인 사람이라고 생각되는 일본인을 죽여 재판을 받았는데, 여기에서도 당당하게 자신의 행동을 ④항변하였어요. 그는 재판에서 사형을 선고받았지만, 고종의 ⑤사면으로 목숨을 건질 수 있었어요.

나는 우리의 국모를 죽인 이를 죽였을 뿐이오!

1911년 김구는 다시 감옥에 갇혔어요. 일제가 한국을 식민지로 만들고 나서 민족 운동을 하는 사람들을 잡아서 가두었기 때문이에요. 김구는 서대문 형무소에서 옥살이를 하며 이름을 김구로 바꾸고, '백범'이라는 호를 만들었답니다.

① 몰락: 재물이나 세력 따위가 쇠하여 보잘것없이 됨.
② 응시: 시험에 응함.
③ 접주: 동학에서, 한 구역의 우두머리
④ 항변: 대항하여 변론함. 또는 그런 변론.
⑤ 사면: 죄를 용서하여 형벌을 면제함.

중심 낱말 찾기
01 다음에서 설명하는 낱말을 이 글에서 찾아 쓰세요.

김구가 서대문 형무소에서 옥살이를 하며 만든 호이다.

✎ 백범

084쪽
085쪽

내용 이해
02 이 글의 내용과 일치하는 것은 무엇인가요? [✎ ⑤]

① 김구의 원래 이름은 원록이다.
② 김구는 함경도 원산에서 태어났다.
③ 김구는 옥살이를 하며 매헌이라는 호를 만들었다.
④ 김구는 을미사변의 범인으로 여겨지는 한국인을 죽였다.
⑤ 김구는 사형 선고를 받았으나 고종의 사면으로 목숨을 건졌다.
도움말 | 김구는 왕비를 죽인 사람이라고 생각되는 일본인을 죽여 시형 선고를 받았지만 고종의 사면으로 목숨을 건졌어요.

어휘 확인
03 다음 보기에서 밑줄 친 낱말을 알맞게 사용한 것을 모두 골라 기호를 쓰세요.

보기
㉠ 시험에 항변할 기회는 한 번뿐이다.
㉡ 피고는 끝까지 억울하다고 응시하였다.
㉢ 조선 후기에는 많은 양반이 몰락하였다.
㉣ 그 사람들은 광복절 특별 사면으로 풀려났다.

✎ ㉢, ㉣

도움말 | ㉠에는 응시, ㉡에는 항변을 사용하는 것이 알맞아요.

중심 내용 찾기
04 다음 빈칸을 채워 이 글의 내용을 정리해 보세요.

김구는 평등한 세상을 꿈꾸며 **동학**을 받아들인 후 농민군을 이끌었으며, 을미사변 때 범인으로 생각되는 일본인을 죽여 재판을 받았다. 이후 서대문 형무소에서 옥살이를 하며 이름을 **김구**로 바꾸고 백범이라는 호를 만들었다.

2 대한민국 임시 정부를 이끌다

1919년 3·1 운동 이후 김구는 중국 상하이로 건너갔어요. 같은 해 4월, 이곳에서 이승만 등과 함께 대한민국의 광복을 위한 임시 정부를 조직하였는데, 이 정부가 대한민국 임시 정부예요. 김구는 대한민국 임시 정부가 어려움을 겪을 때에도 떠나지 않고 남아 독립운동을 이끌었답니다.

1931년 김구는 ⑥침체된 대한민국 임시 정부에 ⑦활력을 불어넣기 위해 한인 애국단을 조직하여 무장 투쟁을 전개하였어요. 한인 애국단원들의 활동에 중국 국민당 정부도 박수를 보냈지요. 이후 임시 정부는 일제의 탄압을 피해 이곳저곳을 옮겨 다녔고, 1940년 김구는 임시 정부의 대표인 ⑧주석이 되었어요.

1945년 8월 15일 마침내 한국은 ⑨광복을 맞이하였어요. 김구도 ⑩조국에 들어왔지요. 그런데 이때 한반도에 정부를 세우는 문제를 놓고 정치 세력들이 대립하였어요. 협상에 나선 미국과 소련이 회의를 열었지만 결론이 나지 않자, 유엔에서 남한만이라도 총선거를 하기로 결정하였어요. 이에 반대한 김구가 남북 통일 정부 수립을 위해 애썼지만 소용없었지요. 남과 북에 사실상 서로 다른 정부가 들어선 후인 1949년, 김구는 총탄에 맞아 사망하고 말았답니다.

"네 소원이 무엇이냐?" 고 물으신다면 '내 소원은 대한 독립이오.' 하고 대답할 것이다. "그 다음 소원은 무엇이냐" 하면 나는 또 "우리나라의 독립이오." … "나의 소원은 대한의 완전한 자주독립이오." 하고 대답할 것이다.

⑥ 침체: 어떤 현상이나 사물이 진전하지 못하고 제자리에 머무름.
⑦ 활력: 살아 움직이는 힘.
⑧ 주석: 일부 국가에서 국가나 정당 따위의 최고 직위. 또는 그 직위에 있는 사람.
⑨ 광복: 빼앗긴 주권을 도로 찾음.
⑩ 조국: 자기의 국적이 속하여 있는 나라.

중심 낱말 찾기
05 다음에서 설명하는 기관을 이 글에서 찾아 쓰세요.

1919년 4월 중국 상하이에서 이승만, 김구 등이 중심이 되어 대한민국의 광복을 위해 임시로 조직한 정부이다.

✎ 대한민국 임시 정부

086쪽
087쪽

내용 이해
06 다음 사건이 일어난 순서에 맞게 번호를 쓰세요.

2	1	3
김구가 한인 애국단을 조직하였다.	대한민국 임시 정부가 수립되었다.	김구가 남북 통일 정부 수립을 위해 활동하였다.

도움말 | 김구는 '대한민국 임시 정부 수립 → 한인 애국단 조직 → 남북 통일 정부 수립 노력'의 순서로 활동하였어요.

어휘 확인
07 다음 뜻을 나타내는 낱말을 쓰세요.

① 살아 움직이는 힘. **활력**
② 빼앗긴 주권을 도로 찾음. **광복**
③ 어떤 현상이나 사물이 진전하지 못하고 제자리에 머무름. **침체**

내용 추론
08 다음 주장에 대한 김구의 반응으로 알맞은 것은 무엇인가요? [✎ ⑤]

이승만 | 남한만이라도 총선거를 통해 정부를 수립해야 합니다.

① 맞습니다. 남한에서 단독 정부를 세워야 합니다.
② 맞습니다. 남한에서 먼저 정부를 세워 북측과 협상해야 합니다.
③ 아닙니다. 미국의 힘을 빌려서 북한을 무너뜨려야 합니다.
④ 아닙니다. 미국과 소련이 한반도를 대신 통치해야 합니다.
⑤ 아닙니다. 남과 북이 합의하여 통일 정부를 세워야 합니다.
도움말 | 이 글을 통해 김구는 남북 통일 정부 수립을 위해 노력하였음을 알 수 있어요.

실력 확인

01 조선에서 헤이그 특사가 파견된 까닭으로 알맞은 것은 무엇인가요? [✎ ②]

① 만민 공동회를 해체하기 위해서
② 을사늑약의 부당함을 알리기 위해서
③ 독립 협회의 활동을 확대하기 위해서
④ 일본의 황무지 개간권 요구를 막기 위해서
⑤ 대한민국 임시 정부에 활력을 불어넣기 위해서

도움말 | 헤이그 특사는 을사늑약이 불법 조약임을 알리고자 파견되었어요.

02 고종이 집권한 시기 조선에서 있었던 사실로 알맞은 것은 무엇인가요? [✎ ③]

① 수원 화성이 건설되었다.
② 호패법이 처음 실시되었다.
③ 일본과 강화도 조약을 맺었다.
④ 한양이 새로운 수도로 설계되었다.
⑤ 청나라의 침입으로 병자호란이 일어났다.

도움말 | 일본이 운요호를 조선에 보내 조약 맺을 것을 강요하자, 고종은 개화 세력의 의견을 받아들여 일본과 강화도 조약을 맺었어요.

03 다음 밑줄 친 '의거'에 해당하는 것으로 알맞은 것은 무엇인가요? [✎ ③]

중국에 있는 '안중근 의사 기념관'의 벽시계는 9시 30분을 가리킨 채 멈춰 있다. 이 시간은 1909년 안중근의 <u>의거</u>와 관련이 있다.

① 갑신정변을 일으켰다.
② 을미의병을 일으켰다.
③ 이토 히로부미를 처단하였다.
④ 영은문을 헐고 독립문을 세웠다.
⑤ 일왕이 탄 마차를 향해 수류탄을 던졌다.

도움말 | 안중근은 1909년 10월 26일 오전 9시 30분 하얼빈역에서 이토 히로부미를 처단하였어요.

04 다음 빈칸에 들어갈 나라를 쓰세요.

김홍집이 들여온 『조선책략』에는 조선이 러시아의 위협을 피하기 위해 (   )과 외교 관계를 맺을 것을 권하는 내용이 담겨 있다.

✎ 미국

도움말 | 『조선책략』에는 조선이 미국과 외교 관계를 맺을 것을 권하는 내용이 담겨 있어요.

05 다음에서 설명하는 인물은 누구인가요? [✎ ④]

평민 출신으로, 을사늑약 체결에 반발하여 의병을 일으켰다.

① 곽재우　　　　　② 김홍집
③ 남자현　　　　　④ 신돌석

도움말 | 평민이었던 신돌석은 스스로 의병장이 되어 을사의병의 한 부대를 이끌었어요.

06 안창호에 대한 설명으로 알맞지 <u>않은</u> 것은 무엇인가요? [✎ ⑤]

① 신민회를 만들었다.
② '도산'이라는 호를 지었다.
③ 대한인 국민회를 조직하였다.
④ 만민 공동회에서 연설하였다.
⑤ 갑오개혁에서 총괄적인 책임을 맡았다.

도움말 | ⑤는 김홍집에 대한 설명이에요.

07 다음 빈칸에 들어갈 말로 알맞은 것은 무엇인가요? [✎ ③]

이회영은 만주 삼원보에 모인 독립운동가들과 함께 (   )을/를 세워 독립군을 길러 냈다.

① 구세 학당　　　　② 독립 협회
③ 신흥 강습소　　　④ 한인 애국단

도움말 | 이회영은 만주 삼원보에서 독립운동가들과 함께 신흥 강습소를 세워 독립군을 양성하였어요.

116

08 다음 에서 주시경의 활동을 골라 알맞게 짝지은 것은 무엇인가요? [✎ ④]

보기
ㄱ 「절정」과 같은 저항적인 시를 썼다.
ㄴ 『어린이』라는 아동 잡지를 만들었다.
ㄷ 우리글에 '한글'이라는 이름을 붙였다.
ㄹ 한글 문법을 정리한 『국어문법』을 썼다.

① ㄱ, ㄴ   ② ㄴ, ㄷ
③ ㄴ, ㄹ   ④ ㄷ, ㄹ
도움말 | ㄱ은 이육사, ㄴ은 방정환의 활동이에요.

09 신채호가 다음과 같은 활동을 한 까닭으로 알맞은 것은 무엇인가요? [✎ ⑤]

• 『조선사』 편찬
• 「독사신론」 연재

① 우리글을 지키기 위해서
② 을사늑약을 무효화하기 위해서
③ 서양과 외교 관계를 맺기 위해서
④ 성리학을 통치 이념으로 삼기 위해서
⑤ 역사 연구로 민족정신을 일깨우기 위해서
도움말 | 신채호는 역사 연구로 민족정신을 일깨우기 위해 제시된 저서들을 남겼어요.

10 다음과 같은 가사를 가진 노래를 지은 사람은 누구인가요? [✎ ③]

아무리 왜놈들이 강성한들 / 우리들도 뭉치면 왜놈 잡기 쉬울 새라. / 아무리 여자인들 나라 사랑 모를소냐. / 아무리 남녀가 유별한들 나라 없이 소용 있나. / 우리도 나가 의병 하러 나가 보세. / 의병대를 도와주세.
– 「안사람 의병가」

① 김만덕   ② 안창호
③ 윤희순   ④ 주시경
도움말 | 「안사람 의병가」는 윤희순이 여성의 의병 참여를 북돋기 위해 만든 노래예요.

11 다음 중 검색 결과로 알맞지 <u>않은</u> 것은 무엇인가요? [✎ ②]

← → 유관순 🔍 ≡

① 이화 학당에서 공부하였다.
② 『일생록』을 남겨 독립 정신을 전하였다.
③ 결사대를 만들어 3·1 운동에 참여하였다.
④ 아우내 장터에서 열린 만세 시위에 참여하였다.
⑤ 일본 헌병에게 체포되어 감옥에서 생을 마감하였다.
도움말 | ②는 윤희순에 대한 설명이에요.

12 다음 에서 남자현의 활동을 골라 알맞게 짝지은 것은 무엇인가요? [✎ ③]

보기
ㄱ 한성 재판소 검사로 활동하였다.
ㄴ 만주에서 서로 군정서에 가입하였다.
ㄷ 블라디보스토크에서 의병 부대를 조직하였다.
ㄹ 조선의 독립 호소를 위해 외국 조사단에 혈서를 보냈다.

① ㄱ, ㄷ   ② ㄴ, ㄷ
③ ㄴ, ㄹ   ④ ㄷ, ㄹ
도움말 | ㄱ은 이준, ㄷ은 안중근의 활동과 관련이 있어요.

13 다음 빈칸에 들어갈 단체로 알맞은 것은 무엇인가요? [✎ ②]

홍범도는 (   )(이)라는 부대를 만들어 대장을 맡았다. 그리고 다른 독립군 부대들과 연합하여 봉오동 전투에서 승리하였다.

① 의열단   ② 대한 독립군
③ 북로 군정서   ④ 한인 애국단
도움말 | 홍범도는 대한 독립군이라는 부대를 만들어 독립운동을 전개하였어요.

실력
확인
090쪽

14 김좌진의 활동으로 알맞지 <u>않은</u> 것은 무엇인 가요? [✎ ⑤]

① 호명 학교를 세웠다.
② 청산리 전투를 승리로 이끌었다.
③ 기호 흥학회에 가입하여 활동하였다.
④ 자신의 토지를 노비들에게 나누어 주었다.
⑤ 헤이그 평화 회의장 밖에서 대한 제국의 독립 을 주장하였다.

도움말 | ⑤는 헤이그 특사였던 이준, 이상설, 이위종과 관련이 있는 설명이에요.

15 다음에서 설명하는 인물은 누구인지 쓰세요.

> '어린이'라는 용어를 사용하기 시작하였고, 5월 1일을 어린이날로 정하였다. 한국 최초 로 『어린이』라는 아동 잡지도 만들었다.

✎ 방정환

도움말 | 방정환은 어린이날을 정하는 등 어린이를 위한 활동을 전개하였어요.

16 이봉창에 관한 글을 쓸 때 그 제목으로 가장 적절한 것은 무엇인가요? [✎ ⑤]

① 을미의병을 이끌다
② 한인 애국단을 결성하다
③ 이토 히로부미를 처단하다
④ 「조선혁명선언」을 완성하다
⑤ 일왕이 탄 마차에 수류탄을 던지다

도움말 | 이봉창은 1932년 일왕이 탄 마차를 향해 수류탄을 던졌어요.

17 다음과 같은 활동을 한 인물은 누구인가요? [✎ ②]

> 상하이의 공원에서 열린 일왕 생일 축하식 겸 일본의 상하이 차지 기념행사에서 물통 모양의 폭탄을 단상 쪽으로 던져 일본군 대 장 등이 죽거나 다치게 하였다.

① 안중근   ② 윤봉길
③ 이회영   ④ 홍범도

도움말 | 윤봉길은 상하이 공원에서 열린 일본의 기념행사에서 폭탄을 던지는 의거 활동을 하였어요.

18 이중섭에 대한 설명으로 알맞지 <u>않은</u> 것은 무엇 인가요? [✎ ④]

① 소 그림을 많이 그렸다.
② 개성 있는 작품을 많이 남겼다.
③ 자신의 작품에 한글로 서명을 하였다.
④ 그림을 그리는 일 외에 다른 일은 하지 않았다.
⑤ 가족에 대한 그리움을 그림에 표현하기도 하 였다.

도움말 | ④ 이중섭은 그림을 그리는 틈틈이 돈을 벌기 위해 막노동을 하기도 하였어요.

19 다음 시를 쓴 사람에 대한 설명으로 알맞지 <u>않은</u> 것은 무엇인가요? [✎ ④]

> 지금 눈 내리고 / 매화 향기 홀로 아득하니 ······ 백마 타고 오는 초인이 있어 / 이 광야 에서 목 놓아 부르게 하리라.   – 「광야」

① 본명은 이원록이다.
② 의열단이 세운 군사 학교에 입학하였다.
③ 일본에 저항하는 의지를 담은 시를 썼다.
④ 『월남망국사』를 한글로 번역하여 펴냈다.
⑤ 죄수 번호에서 비롯된 이름을 사용하였다.

도움말 | 제시된 「광야」는 이육사의 시예요. ④는 주시경에 대한 설명이에요.

20 다음 가상 인터뷰의 (가)에 해당하는 인물은 누구인가요? [✎ ①]

> **기자** 상하이에서는 어떤 활동을 하셨나요?
> **(가)** 대한민국 임시 정부 수립에 참여하였습 니다.
> **기자** 한인 애국단도 조직하셨지요?
> **(가)** 네, 침체된 대한민국 임시 정부에 활력을 불어넣기 위한 것이었지요.

① 김구   ② 김홍집
③ 신채호   ④ 주시경

도움말 | 김구는 이승만 등과 함께 대한민국 임시 정부를 수립하였고, 이후 한 인 애국단을 조직하였어요.

memo

memo